A
Psicologia
do
Talento

Elton Oliveira

DEDICATÓRIA

Dedico este livro aos meus pais, Lauro e Maria, que enfrentaram muitas adversidades para educar seus filhos e souberam nos estimular desafiando-nos a buscar nos estudos um caminho de superação. Às minhas filhas, Mariana, Luísa e Camila que me trazem muito orgulho e aprendizado. Ao meu mestre, Segyu Choepel Rinpoche, que com sua paciência e sabedoria vem orientando meu desenvolvimento.

CONTEUDO

Prefácio e metodologia utilizada   1

Seção 3
Os fatores psíquicos

1. Conceito e evolução do termo   7
2. Talento é inato ou desenvolvido   11
3. Diferenças entre talento, aptidão e inteligência   15

Seção 2
Como o talento se desenvolve

4. A dinâmica psíquica do talento   23

Seção 3
Os fatores psíquicos

5. Os fatores extrínsecos: Estímulo e oportunidade   29
6. O Fator inato: Aptidões   51
7. Os fatores intrínsecos: Interesse e motivação   82
8. O fator dedicação: Prática e treinamento   87
9. O fator apoio: O treinador   93
10. O fator decisivo: Atitude   95

Seção 4
Talento nas escolas e nas empresas

11. Talento na escola: Muitos desafios   104
12. Talento nas empresas   112

Anexos: Guia e inventários para
identificar aptidões

Anexo 1: Guia para identificar aptidões em crianças   136
Anexo 2: Inventário de identificação em estudantes   139
Anexo 3: Inventário de identificação em profissionais   142
Como interpretar o resultado dos inventários   116

Escola Vida e Carreira   146
Referências Bibliográficas   149

PREFÁCIO

Nos últimos dez anos venho dedicando meu trabalho a desmitificar questões sobre a natureza humana que podem dificultar a utilização do potencial e gerar angustia e sofrimento nas pessoas. Talento é inato ou desenvolvido? Todos possuem? Se sim porque não desenvolvem? O que pode facilitar ou dificultar o seu desenvolvimento? Como podemos apoiar nossos filhos, alunos ou colaboradores no seu desenvolvimento?

Muito se tem falado sobre talento, as organizações buscam selecionar pessoas talentosas e retê-las, esquecem que só é possível engajá-las e, além disso, a grande maioria das pessoas e das empresas se quer conhecem as suas aptidões e as dos seus colaboradores. Aptidão, como domonstro neste trabalho, é a base para que um talento se desenvolva. A importância do tema para as pessoas, escolas e empresas se somou ao meu interesse em tratá-lo adequadamente durante minhas aulas de gestão da carreira ministradas nos cursos de pós-graduação (MBA) da Unisinos (Universidade do Vale do Rio dos Sinos). Foi em 2010 que comecei a pesquisar o tema e ampliar minha escuta e observação nos atendimento de orientação de carreira e coaching. Meu objetivo era trazer uma abordagem que ajudasse meus alunos e clientes a perceber melhor seus potenciais talentos.

Passamos a viver mais e as gerações atuais serão desafiadas a prolongar a carreira. . Adequar a carreira buscando novas competências e interesses à cada fase da vida se tornou um fator imprescindível para nossas vidas. Vai ficar mais difícil contar os dias que faltam para a aposentadoria. Como renovar nossa motivação e adequar nossa carreira? Maior alinhamento vida e carreira exige trabalho interno. Conhecer nossas aptidões e interesses além de remover obstáculos internos e externos terão que fazer parte de forma mais sistemática das nossas vidas. Alguns sinais desta tendência já são visíveis, o crescimento do coaching, workshops de autoconhecimento e livros de autoajuda são alguns deles.

A terra começa a ser preparada e as primeiras sementes são plantadas na infância. Uma das coisas mais tristes é ver, muitas vezes, como pais se quer aceitam as diferenças dos seus filhos, algo básico para que seus potenciais floresçam. Esta questão começou a chamar a minha atenção nos relatos dos clientes de orientação de carreira e aumentou após o nascimento da minha terceira filha em 2011. Com a experiência acumulada até então no campo da psicologia do trabalho minha percepção sobre como crianças são incompreendidas nas famílias e escolas cresceu significativamente, por essa razão decidi abordar esta questão também.

Este livro reúne minhas experiências e preocupações acumuladas em dez anos como coach, professor e pai. Neste período atendi mais centenas de pessoas em transição, orientação e desenvolvimento de carreira. Ajudei a estruturar a disciplina de gestão da carreira nos MBAs da Unisinos e ministrei mais de 180 turmas totalizando em torno de 2.500 alunos. Como pai foi possível utilizar minha experiência e conhecimento no apoio à preparação para o vestibular e primeiros passos na carreira das minhas duas filhas mais velhas e acompanhar os primeiros passos da terceira filha no inicio da vida escolar. Conhecer o perfil psicológico (aptidões e inaptidões) delas foi fundamental neste apoio.

Desejo que este livro possa ajudar pais, professores e líderes a melhorar a abordagem em relação às aptidões e interesses individuais. Esta é a única forma de apoia-los no desenvolvimento do seu potencial. Utilizar o potencial não está relacionado somente a carreira mas, também, a saúde psíquica. Por essa razão inclui ao final do livro três modelos de inventários direcionados para crianças, adolescentes e profissionais.

Metodologia de pesquisa

Do ponto de vista metodológico além da minha experiência nestas três áreas (coaching, aulas e educação das filhas) que foram relatadas em cerca de quarenta estudos de caso, a fonte bibliográfica foi fundamental para aprofundar o tema. Metodologia é o caminho que o pensamento e a prática exercem na abordagem da realidade. A metodologia inclui simultaneamente a teoria da abordagem (método), os instrumentos de operacionalização do conhecimento (técnicas) e o envolvimento do pesquisador. (Minayio, 1993). A preocupação científica foi estimulada pela minha experiência como professor orientador de trabalhos de conclusão nas turmas de MBA da Unisinos. Foram oitenta orientações realizadas nos últimos oito anos, isto permitiu um amplo manuseio de pesquisa principalmente em estudos de caso.

A metodologia deve apoiar a estruturação de informações que ajude a responder as questões que estão sendo pesquisadas. Meu objetivo de pesquisa foi compreender como um talento se desenvolve, quais são os fatores psicológicos envolvidos e como pais, professores e lideres podem apoiar seu desenvolvimento. Esta pesquisa envolveu não só o campo da psicologia propriamente dita, mas a filosofia ocidental e oriental, a neurociência e a pedagogia. Ao longo do texto o leitor encontrará mais de trinta relatos de casos de alunos clientes de coaching e transição de carreira.

Na seção 1 você conhecerá a origem do termo talento e sua evolução, as diferenças entre talento, aptidão e inteligência. Três temas altamente importantes e carregados de mitos e compreensões limitadas que podem gerar confusões e angustia nas pessoas. Procuro demonstrar a importância das aptidões (e inaptidões) e o seu papel na nossa estrutura psíquica. Esta incompreensão é a causa principal de doenças no trabalho. Nossa visão limitada de inteligência não só pelo senso comum, mas também, ainda pela maioria dos pesquisadores e cientistas comportamentais provocam exclusão.

Na seção 2 apresento uma pesquisa bibliográfica sobre diversas visões de como um talento se desenvolve e partir destas abordagens e da minha análise apresento na seção 3 os fatores que considero fundamentais. Começando pelo fator psicológico estímulo e os desafios em cada fase da vida. Enquanto que na infância a segurança emocional e o lúdico contribuem para o futuro desta criança, no início da vida adulta o conhecimento dos seus interesses e aptidões desafiarão a escolha profissional.

Na maturidade, principalmente na crise dos quarenta, revisar nossas escolhas e refletir sobre um rumo de vida pode ser fundamental para a renovação da nossa motivação. Uma abordagem ampla e profunda sobre aptidões, o segundo fator, foi adaptada da pesquisa realizada no meu primeiro livro (Estilos Psicológicos). Procuro neste fator apresentar aptidões como algo muito maior que uma simples disposição natural para algo, mas como um conjunto de características psíquicas que funcionam como funções e padrões mentais imutáveis que influenciarão de forma definitiva nossa vida em todos os aspectos. No terceiro fator, trato da motivação e da paixão e como elas estão intimamente ligadas ao uso das nossas aptidões como uma força motora. A motivação e a paixão são os fatores que geram energia para o quarto fator, a prática e o treinamento visto que não há talento sem suor. O quinto fator, o treinador, será

3

fundamental para elevar nossa excelência. Qualquer pessoa de alto desempenho na maioria das áreas se mantem evoluindo sob orientação de um especialista. O último fator é decisivo. É a atitude que poderá fazer toda a diferença. Pode faltar oportunidade, você pode estar desalinhado das aptidões, mas sua autoimagem, determinação e preparação mental podem ajuda-lo a superar qualquer obstáculo.

Na seção 4 busco abordar o desafio nos contextos escolares e para as empresas. Os desafios para a educação são muitos, estamos muito distante de mudanças significativas e ainda vigora uma supervalorização das aptidões racionais e pouca desconsideração com as demais. Nas empresas, embora haja alguma evolução, ainda estamos distante de um cenário favorável à diversidade de talentos. As ferramentas que identificam perfil estão desatualizadas, pois suas bases conceituais são datadas da década de 20 do século passado. Ainda erramos no básico que é colocar a pessoa certa no lugar certo e esta falha é a principal causa das doenças do trabalho por causar um desalinhamento entre aptidões (forças) e a tarefa realizada e o ambiente de trabalho. Falta consciência do quão importante e impactante são as aptidões que estruturam a psique de uma pessoa. Nossa estrutura psíquica representada pelas aptidões não determina somente as forças e fraquezas, mas também, os estilos de gerenciar, se comunicar, liderar e empreender. O que torna o tema mais impactante ainda.

Ao final, nos anexos, apresento três guias para ajudar a conhecer as aptidões de crianças, estudantes e profissionais. Seu desconhecimento pode trazer danos psíquicos em qualquer fase da vida. Após preenchê-lo analise cuidadosamente se o resultado realmente representa seu perfil.

Seção 1

TALENTO: Conceito, sua natureza e relação
com aptidão e inteligência

1 CONCEITO E EVOLUÇÃO DO TERMO

Chowdhury (2003) comenta que muitas pessoas não conseguem definir talento, mas sabem reconhecer um quando se encontram com ele.

As duas primeiras acepções da palavra talento no dicionário Houaiss referem-se a uma moeda e a um sistema de peso antigos da Grécia e de Roma. Somente na terceira acepção datada do século XVI é que por metáfora o conceito passou a se referir a um "intelecto notável que se afirma por méritos excepcionais". Na etimologia da palavra Houaiss cita inteligência excepcional; aptidão natural ou habilidade adquirida; a ideia de dom natural, aptidão provém da parábola do Evangelho de Mateus em que três criados receberam talentos (moedas) de seu senhor e deveriam fazê-los render frutos.

Visto que a palavra talento, na forma como será referida neste trabalho, originou-se da parábola bíblica de Mateus. Faz-se necessária iniciar esta abordagem pela sua apresentação e análise:

> "Pois é assim como um homem que, partindo para outro país, chamou os seus servos e lhes entregou os seus bens: a um deu cinco talentos, a outro dois e a outro um, a cada qual segundo a sua capacidade; e seguiu viagem. O que recebera cinco talentos, foi imediatamente negociar com eles e ganhou outros cinco; do mesmo modo o que recebera dois, ganhou outros dois. Mas o que tinha recebido um só, foi-se e fez uma cova no chão e escondeu o dinheiro do seu senhor. Depois de muito tempo voltou o senhor daqueles servos e ajustou contas com eles. Chegando o que recebera cinco talentos, apresentou-lhe outros cinco, dizendo: Senhor, entregaste-me cinco talentos; aqui estão outros cinco que ganhei. Disse-lhe o seu senhor: Muito

bem, servo bom e fiel, já que foste fiel no pouco, confiar-te-ei o muito; entra no gozo do teu senhor. Chegou também o que recebera dois talentos, e disse: Senhor, entregaste-me dois talentos; aqui estão outros dois que ganhei. Disse-lhe o seu senhor: Muito bem, servo bom e fiel, já que foste fiel no pouco, confiar-te-ei o muito, entra no gozo do teu senhor. Chegou por fim o que havia recebido um só talento, dizendo: Senhor, eu soube que és um homem severo, ceifas onde não semeaste e recolhes onde não joeiraste; e, atemorizado, fui esconder o teu talento na terra; aqui tens o que é teu. Porém o seu senhor respondeu: Servo mau e preguiçoso, sabias que ceifo onde não semeei e que recolho onde não joeirei? Devias, então, ter entregado o meu dinheiro aos banqueiros e, vindo eu, teria recebido o que é meu com juros. Tirai-lhe, pois, o talento e dai-o ao que tem os dez talentos; porque a todo o que tem, dar-se-lhe-á, e terá em abundância; mas ao que não tem, até o que tem, ser-lhe-á tirado. Ao servo inútil, porém, lançai-o nas trevas exteriores; ali haverá o choro e o ranger de dentes." (Mateus 25:14-30)

Quatro aspectos são fundamentais nesta análise, o primeiro é a ideia da multiplicação de algo dado por Deus tendo vista a sua origem cristã, ou seja, associa talento a **multiplicação de um recurso que está na pessoa**, por isso, segundo a parábola, os recursos e fontes do talento são inatos. O segundo aspecto é como estes recursos são distribuídos de forma **diferente entre as pessoas**, embora a parábola faça referência a uma distribuição por capacidade dando a ideia de responsabilidade ou missão visto que um dos objetivos da parábola é levar a palavra de Deus. O terceiro aspecto trata do "castigo ou gozo divino". Enquanto que o servo que por temor resolveu esconder o talento recebido "foi lançado às trevas" os outros dois "entraram no gozo do Senhor". O terceiro aspecto indica que **a utilização ou não dos nossos recursos está associada a algum tipo de recompensa ou sofrimento psíquico**. O quarto e último aspecto é a importância de uma atitude ou condição emocional para a sua multiplicação, isto fica evidente no terceiro servo que por temor resolveu "enterrar seu talento", ou seja, **a multiplicação dos nossos recursos depende da nossa atitude e não algo automático.**

A ideia de uma inteligência excepcional desenvolvida a partir de uma aptidão natural provavelmente é a que mais se próxima de um conceito atual de talento. Desenvolver um talento é algo que não é automático ou inato como muitas vezes alguns teóricos e o próprio senso comum tentam passar, mas requer uma atitude ou comportamento que transforme potenciais (aptidões) em algo mais concreto e aplicável.

Outro aspecto que é importante e muito relegado pelos autores que tratam do tema é a questão que associa sofrimento a não utilização dos nossos recursos. Sou muito procurado para atendimento em coaching de carreira por pessoas com graus diferenciados de sofrimento por não estarem utilizando adequadamente suas aptidões, este sofrimento psíquico com o tempo pode se transformar em doenças físicas. Ao contrário, a boa utilização das nossas aptidões produz satisfação e aumenta nossa motivação. Desta forma faz-se importante compreendermos melhor o significado dos diversos aspectos psíquicos envolvidos no desenvolvimento de um talento, pois estamos, na realidade, não só falando de sucesso na carreira, mas da nossa saúde tanto psíquica quanto física.

Os conceitos apresentados e análises realizadas até aqui demonstram que o talento está relacionado diretamente com outras atividades e funções mentais, tais como inteligência e aptidão. Além dessa relação intrincada com talento estas funções mentais também estão envoltas em muitos mitos e dúvidas que provocam confusões e angustia nas pessoas. Faz necessário dentro deste objetivo de compreensão da dinâmica psíquica do desenvolvimento de um talento buscar um entendimento sobre elas em si e como se relacionam com o desenvolvimento de um talento. Antes disso vamos examinar melhor a questão se talento é inato ou desenvolvido.

2 TALENTO É INATO OU DESENVOLVIDO?

Segundo Houaiss inato é aquilo que pertence ao ser desde o seu nascimento; inerente, natural e congênito. Na filosofia cartesiana é aquilo que se origina da mente, sem qualquer mescla com a experiência sensível nem influência da imaginação criadora. Na filosofia moderna, é aquilo que tem sua origem em ou deriva de ou é inerente à mente ou à constituição do intelecto, em lugar de ser adquirido com a experiência.

A ciência, nas ultimas décadas, vem quebrando tabus e mitos sobre a natureza humana. Um deles é sobre a mudança no cérebro conhecida hoje por plasticidade. Segundo Begley (2007) o neuroanatomista espanhol Santiago Ramón y Cajal afirmou de maneira sucinta em 1913 quase no final de sua pesquisa que em centros adultos, os caminhos dos nervos são algo fixo, concluído e imutável. Vindo de um cientista que sete anos antes ganhara um Prêmio Nobel fez com que sua afirmativa que os circuitos do cérebro em atividade são imutáveis continuasse sendo um dogma prevalecente na neurociência durante quase um século. Se imaginarmos que a evolução do homem está associada a mudanças no cérebro agregando novas funções poderia se pensar então que paramos de evoluir? Ou por outro lado a aquisição de novos conhecimentos, crenças, memórias etc., não afetaria a estrutura do cérebro? Mas segundo Begley (2007) este dogma da imutabilidade estava errado. Nos últimos anos do século XX, alguns neurocientistas iconoclastas desafiaram este paradigma. O cérebro adulto mantém grande parte da plasticidade do cérebro em desenvolvimento. Ele pode consertar áreas danificadas; criar novos neurônios; rearranjar regiões que antes realizavam certas funções para assumirem uma nova. A plasticidade, que é a capacidade de mudança do cérebro segundo os avanços da neurociência é realizada de acordo com os pensamentos que temos, dessa forma através de um esforço consciente podemos gerar mudança em nosso cérebro.

Coyle (2014) nos presenta a Mielina, um isolante natural que reveste as fibras nervosas responsáveis pelos impulsos elétricos que determinam a aquisição de habilidades. Sua pesquisa procurou responder: Por que motivo é que algumas são excelentes em jogar futebol ou tênis, outras em andar de skate ou tocar música? E quais os motivos que levaram a que, em certos momentos particulares da história, a arte, a ciência ou a literatura tenham tido uma produção fora de série? Seu objetivo é o de desmistificar o estereótipo comum de que certas pessoas têm um dom para fazer isto ou aquilo. Segundo ele a forma como pensamos no talento está errada. Para o autor, o talento não é inato e tem similaridades com "um músculo". Tal como os músculos podem ser fortalecidos através do exercício, também o talento pode ser criado através da prática. Esta descoberta da neurociência tem um grande impacto na forma como compreendemos o desenvolvimento de competências e habilidades que dão origem ao talento, pois a produção de mielina está disponível para todos ao longo da vida e a prática ou treinamento profundo desencadeia um aumento na sua produção.

Shenk (2010) afirma que talento não é algo em si mesmo, mas um processo. Para ele este entendimento não é o que se costuma pensar ao julgar por expressões como "ele deve ter um dom", "boa genética", "talento natural e inato", nossa cultura vê o talento como um recurso genético raro, algo que você tem ou não tem. No entanto Shenk afirma que todo o conceito de dom genético é na verdade um grande equívoco. Sua pesquisa mostra que nos últimos anos tivemos o surgimento de uma montanha de evidências cientificas que sugerem, de forma incontestável, um paradigma totalmente diferente: O que existe não é uma escassez de talento, e sim uma fartura de talento latente. Segundo esta ideia, o problema não está nos nossos recursos genéticos inadequados, mas na nossa incapacidade, até o momento, de utilizar o que já possuímos. A ciência contemporânea sugere que poucas pessoas conhecem seus verdadeiros limites, e que a grande maioria delas não chega nem perto de utilizar o que os cientistas vêm chamando de "potencial irrealizado". A maior parte das pessoas que possuem um desempenho abaixo da média muito provavelmente não é prisioneira de seu próprio DNA; essas pessoas têm sido apenas incapazes de alcançar seu verdadeiro potencial.

Por quase um século ouvimos que a genética manda, direciona e determina. Essa explicação foi amplamente aceita sobre como nos tornamos nós mesmos. Gregor Mendel (1822-1844) em seus estudos com ervilhas durante as décadas de 1850 a 1860 demonstrou que caraterísticas básicas como o formato da semente e a cor das flores eram indubitavelmente passadas de geração a geração por meio de "fatores hereditários". Oito anos e 28 mil plantas depois, Mendel havia provado a existência dos genes e aparentemente, também, que eles sozinhos determinavam a essência de quem somos. Essa era a interpretação inequívoca dos geneticistas do inicio do século XX. Mas segundo Shenk (2010) os estudos de Mendel foram totalmente atualizados e hoje um grande número de cientistas sugere que deveríamos voltar à estaca zero e construir toda uma nova interpretação da genética. Shenk afirma que essa nova vanguarda é um grupo disperso de geneticistas, neurocientistas, psicólogos cognitivos, entre outros, alguns se autodenominam teóricos de sistemas de desenvolvimento. Shenk prefere chamar de interacionistas por conta da sua ênfase na interação dinâmica entre genes e meio ambiente. Shenk demonstra toda uma teoria baseada na interação genética e ambiente desempenhando um papel essencial em tudo. Como um jukebox, o indivíduo tem o potencial de tocar toda uma gama de músicas que poderão ser a trilha sonora do seu desenvolvimento, essas canções, em especial, são selecionadas pelo ambiente em que o individuo é criado. Dessa forma o desenvolvimento dinâmico entre nossas propriedades genéticas e a riqueza de estímulos do ambiente é o novo paradigma para o talento, o estilo e a qualidade de vida.

Outro motivo do surgimento da crença do talento inato são as chamadas crianças prodígios. **Mozart**, por exemplo, compôs suas primeiras músicas aos cinco anos, apresentava-se em publico aos oito. Mas se realizarmos uma pesquisa mais detalhada encontraremos um contexto muito favorável ao desenvolvimento do seu talento musical. Seu pai Leopoldo Mozart foi um famoso compositor e um pedagogo que se interessava profundamente pelo modo como a música era ensinada às crianças, seu livro consagrado sobre o ensino de violino, publicado quando seu filho Wolfpang nasceu, permaneceu influente durante décadas. Seu pai o iniciou em um treinamento em composição e execução intensivo aos três anos. Além disso, sua irmã mais velha Maria Anna também foi iniciada aos sete anos na música. Apesar da sua "genialidade precoce" existem muitos questionamentos sobre a verdadeira autoria das suas primeiras músicas, visto que eram corrigidas pela caligrafia do seu pai. Hoje suas primeiras composições não são encaradas como notáveis, somente aos 21 anos é que ele compôs o "Concerto para Piano n "9", considerado uma obra prima.

Garry Kasparov foi o jogador mais novo a se tornar campeão mundial de xadrez em 1985, quando tinha 22 anos. Ele se iniciou no estudo do xadrez após propor uma solução para um problema criado por seus pais. A partir dos sete anos Kasparov frequentou a Young Pioneer Palace em Baku, uma espécie de centros designados para trabalhos criativos, treinamento esportivo e atividades extracurriculares. Aos 10 anos começou a treinar na escola de xadrez de Mikhail Botvinnik com o técnico Vladimir Makogonov. Makogonov ajudou-o a desenvolver técnicas especiais no jogo de xadrez.

Michael Jackson (1958-2009) foi um famoso cantor, compositor e dançarino. Segundo a revista Rolling Stone faturou em vida cerca de sete bilhões de dólares, fazendo dele o artista mais rico de toda a história, um ano após sua morte faturou cerca de um bilhão de dólares. Começou a cantar e a dançar aos cinco anos de idade, iniciando-se na carreira profissional aos onze anos como vocalista dos Jackson 5; começou logo depois uma carreira solo em 1971, permanecendo como membro do grupo. Reconhecido nos anos seguintes como Rei do Pop (*King Of Pop*), cinco de seus álbuns de estúdio se tornaram os mais vendidos mundialmente de todos os tempos. De acordo com as regras rígidas do pai, as crianças eram mantidas trancadas em casa enquanto ele trabalhava até tarde da noite. Entretanto, as crianças escapavam frequentemente para as casas dos vizinhos, onde cantavam e faziam música. Os irmãos mais velhos mexiam na guitarra do pai Joseph sem sua permissão enquanto ele estava trabalhando. Até que um dia Joseph tomou consciência do talento de seus filhos e resolveu ganhar dinheiro com isso, e assim mudaram-se de Gary para Califórnia, mais tarde assinaram o primeiro contrato.

Tiger Woods é considerado um dos melhores golfistas de todos os tempos. Nasceu na casa de um golfista especialista que adorava ensinar, seu pai já era aposentado quando Tiger nasceu e teve muito tempo para se dedicar ao seu treinamento. No exército, seu pai, lecionou história militar, mas antes de entrar no serviço militar treinou times de basquete. Ele ganhou do seu pai o primeiro taco de metal aos sete meses que instalou na garagem equipamento para treino de golfe. Antes de completar dois anos já estava no campo de golfe jogando e praticando e aos quatro anos já tinha treinadores profissionais.

O que demonstra os quatro casos citados acima é que a "genialidade" atribuída a eles nada teve de inato ou até divino como querem muitas vezes denominar. Na realidade seus talentos são fruto de estimulo, incentivo e muito treinamento desde uma tenra idade. Mesmo Michel Jackson com toda a polêmica sobre a relação com seu pai teve um ambiente estimulador com seus irmãos.

Na minha pesquisa sobre o tema li inclusive que esta palavra talento nem deveria existir. Na realidade a ideia de que algumas pessoas nascem com algo a mais e que se transformará, mais tarde, em pessoas de sucesso é equivocada. O negativo nesta crença e que me motiva a escrever este livro é que este equívoco pode provocar nas pessoas um sentimento de limitação, pois não nasceram com "algo especial". Muitos estudos já realizados demonstram que o talento é desenvolvido com muito treinamento.

No início da década de 1990, o psicólogo K. Anders Ericsson e dois colegas realizaram o estudo "Exhibit A" na Academia de Música de Berlim, uma respeitada escola de música. Com a ajuda dos professores, formaram três grupos com os violinistas da escola. No primeiro ficaram as estrelas, os alunos que tinham potencial para se tornarem solistas de nível internacional. No segundo, foram reunidos aqueles considerados apenas "bons". No terceiro, estavam os estudantes que dificilmente chegariam a tocar como profissionais, mas que pretendiam se tornar professores de música. Todos eles tiveram que responder à seguinte pergunta: Ao longo da sua carreira, quantas horas você praticou? Os resultados foram extremamente claros: O primeiro grupo considerado as estrelas o resultado foi de 7.410 horas, o segundo os considerados apenas "bons" 5.301 horas e o terceiro 3.420 horas. Ericsson denominou este treinamento de "prática deliberada".[1]

A conclusão do que foi exposto neste capítulo é que talento é algo desenvolvido através de estímulo e treinamento qualificado e não algo inato disponível somente em algumas pessoas. Os relatos acima das pessoas consideradas "Gênios" possuem muitos elementos de uma pratica ou treinamento altamente qualificado. A parábola de Mateus conduz também a este entendimento que um talento é fruto da multiplicação de um recurso existente nas pessoas. Minha filha Camila, quando tinha cinco anos de idade acompanhou a escrita do meu primeiro livro e quando lhe disse que iria escrever um segundo ela perguntou sobre o que eu escreveria e lhe disse que seria como desenvolver um talento, fiquei surpreso com a sua resposta: "Ora pai, treinando!"

Se talento é algo que pode ser treinado, dessa forma, qualquer pessoa pode desenvolver qualquer talento? A diferença entre as pessoas nos mostra que não. Na escola, por exemplo, alunos têm diferentes facilidades, alguns gostam das aulas de história, outros preferem educação física, matemática, etc. Atendi diversos clientes que apresentavam alto grau de sofrimento psíquico, alguns trabalhando na área comercial, outros em finanças. Trabalhar nestas áreas para estas pessoas significava não utilizar seus recursos naturais ao mesmo tempo em que estas tarefas exigiam delas características psíquicas que não possuíam.

---

[1] Este estudo é citado em Gladwell (2013) e Colvin (2009).

3.   DIFERENÇAS ENTRE TALENTO, APTIDÃO E INTELIGÊNCIA.

Para compreendermos como se desenvolve o talento faz-se necessário estabelecer uma relação com aptidão e inteligência, dessa forma o tema poderá ser desmistificado.

3.1   Aptidão é mais que uma facilidade natural

Enquanto ministrava aula de gestão da carreira para uma turma de MBA recebi um e-mail de um aluno falando da sua situação: "Sua aula chegou em boa hora, no meu desenvolvimento sempre busquei conhecimento para ir crescendo, porém em virtude da baixa renda optei por cursos que poderiam me agregar neste sentido, assim acabei fazendo 2 técnicos, e a graduação em Administração. No ano passado realizei uma consultoria de coaching, realizamos alguns exercícios de forças, fraquezas e mapeamento de mercado, mas não identificamos o meu perfil psicológico (aptidões e inaptidões) como você mencionou, olhando sua aula me identifiquei prontamente, hoje sou gerente de Contas de clientes de alta renda de um banco, como mencionou meu perfil seria racional/visionário, como preciso vender e suportar a pressão pelos resultados tenho ficado doente, angustiado e estou tomando antidepressivos." Assim como este aluno atendi dezenas de pessoas que apresentavam de uma simples angustia até doenças crônicas de difícil tratamento.

É correto afirmar que aptidão é uma facilidade natural para fazer algo, mas isto não diz tudo e muitas vezes nos faz desconsiderar a sua importância. Aptidão é uma necessidade psíquica, se não for exercida ou se tentarmos utilizar características que não possuímos entraremos em sofrimento psíquico. O que o aluno descreveu acima é que ele está sendo altamente demandado em características psíquicas que não possui. Seu perfil ou estilo psicológico é a combinação de dois grupos de aptidões (racionais e visionárias) e seu trabalho está demandando outro grupo de aptidões, a pragmática que possui facilidade para área comercial e inclusive gosta de trabalhar sob pressão.

John L. Holland (1919-2008) foi um importante psicólogo Estadunidense, sua teoria sobre escolhas profissionais formam a base para o inventário de interesse vocacional mais usado no mundo. Holland teve uma percepção fundamental que os interesses vocacionais são uma expressão da personalidade, isto significa que as ocupações representam um modo de vida e que as pessoas expressam suas personalidades através de escolhas vocacionais, dessa forma a satisfação depende de uma boa correspondência entre a personalidade do trabalhador e o ambiente de trabalho. São quatro tipos de interesses: dados, pessoas, coisas e ideias e a personalidade é fruto de uma mistura desses interesses. (Clark, 2013).

Esta classificação da personalidade recebeu diversos nomes ao longo da história, o próprio Jung, autor do livro Tipos Psicológicos, alternou em seu livro os termos tipos psicológicos, temperamento e caráter.

Pasquali (2000) afirma que temperamento tende a ser concebido dentro de uma temática de tipologias, isto é, de classificar os sujeitos em termos de tipos em função de certas características da personalidade e até de aptidões e mesmo de comportamento.

David Keirsey, um psicólogo estadunidense estudioso do tema, citado por Calegari, (2006), enfatizou o temperamento como o "motor" que move a vida das pessoas, ou seja, sua visão de mundo e o que elas buscam realizar. Keirsey em seus estudos percebeu que os tipos são movidos por aspirações e interesses que nos motiva a viver, agir, progredir, em fim, ter um papel no mundo.

No meu primeiro livro, Estilos Psicológicos, apresentei as diferenças entre as pessoas e seus impactos na vida e na carreira. Estilo, neste caso, significa que nossa personalidade combina mais de um grupo de aptidões. O estilo é uma combinação de padrões que estruturam nossa personalidade, estes padrões indicam uma preferencia, são eles:

Quadro 1: Quatro grupos de aptidões

Grupo de aptidões	Afetivas	Racionais	Visionárias	Pragmáticas
Orientação	Pessoas e sentimentos	Fatos e dados	Ideias e oportunidades	Ação e decisão
Foco	Relaciona-mento, inclusão e empatia.	Organização, regras e precisão.	Entratégia, mudança e inovação	Produção, foco e resultados.

Fonte: Elton Oliveira

O estilo psicológico de uma pessoa constitui-se de uma energia psíquica expressa de forma natural, possível de ser caracterizada e que se manifesta de forma diferente em cada individuo, seja pela sua composição ou pela intensidade que cada padrão poderá compor em um determinado perfil. Um estilo será formado com um dos padrões acima como principal e até dois padrões como auxiliares.

Entendendo estilo como uma estrutura psíquica com características específicas, sua influência abrangerá diversos aspectos da nossa vida determinará nossa forma preferencial de perceber o mundo. Como expressão natural da nossa psique influenciará nosso campo de aptidão e o desenvolvimento de talentos e competências específicas. Vai nos dizer sobre a maneira de exercer liderança e gestão. Além destes aspectos, um determinado estilo apresentará também certos riscos em seu comportamento. Este tema será tratado com mais profundidade no capítulo sobre o fator aptidão – forças riscos e fraquezas.

Aptidão da forma como será tratada neste trabalho é muito mais que uma disposição natural, é uma energia ativa que precisa ser corretamente alocada. A questão que precisa ser analisada é que nosso estilo, uma composição de aptidões, forma um campo amplo de possibilidades e o desenvolvimento de um talento dependerá da aplicação deste estilo em algo mais específico. Um talento necessariamente se desenvolverá a partir da aplicação de um grupo de aptidões que estarão em total alinhamento.

3.1   A natureza da Inteligência

3.2.1   Inteligência é mais que Q.I. (Quociente intelectual)

Segundo Houaiss inteligência é a faculdade de conhecer, compreender e aprender, é um conjunto de funções psíquicas e psicofisiológicas que contribuem para o conhecimento, para a compreensão da natureza das coisas e do significado dos fatos. Embora este conceito do dicionário tenha uma abrangência que o termo mereça, o entendimento desenvolvido sobre o conceito de inteligência foi reduzido ao raciocínio lógico pelos testes de Q.I. e pelo desejo de comparação que buscava encontrar os "mais inteligentes".

A principal influência para esta visão de inteligência originou-se do iluminismo que visava valorizar cada vez mais a utilização de evidências para dar suporte a ideias científicas, um movimento natural para fugir do obscurantismo da idade média provocado pela inquisição que perseguiu pensadores que não se alinhavam com o pensamento dominante da igreja católica da época, desta forma desenvolveu-se uma valorização excessiva do raciocínio e da lógica. Rene Descartes (1596-1650) foi um dos filósofos precursores desta visão. Os filósofos da época argumentavam que não deveriam aceitar como conhecimento qualquer coisa que não pudesse ser provada por meio do raciocínio lógico. E a ciência surgiu influenciando definitivamente a condição humana dando inicio a revolução industrial e tecnológica que nos trouxe até os dias de hoje. Esta influência se estendeu além das ciências exatas e moldou a base dos diversos campos de conhecimento como as ciências humanas e biológicas, incluindo a psicologia, a sociologia, a medicina, etc. Para Robison (2008) afirma que à medida que a educação crescia nos séculos XIX e XX, essa influencia também se enraizou com as novas ideias e foi dessa forma que passamos a encarar a inteligência em termos de análise lógica, acreditando que as formas racionalistas de pensamento eram superiores aos sentimentos e emoções.

3.2.2 Quem é mais inteligente ou que tipo de inteligência cada pessoa é possui?

Outro problema surgido com esta tendência foi a ideia de que era possível quantificar e classificar o nível de inteligência das pessoas. Todo este movimento vindo de séculos atrás estabeleceu que as aptidões racionais fossem mais valorizadas nas escolas e em muitos processos de seleção nas organizações, este movimento fez com que este "tipo de inteligência" passasse a ser referência. As provas de ingresso em universidades tanto na graduação como nos níveis superiores comprovam bem esta valorização. Quando acompanhei minhas filhas na preparação para o vestibular pude entender muito bem esta situação. Um perfil mais racional possui muito mais aptidão para memorizar um grande conjunto de informações além da disciplina e capacidade metódica para estudar todo aquele volume de informações. Uma das minhas filhas era dotada de aptidões racionais enquanto a outra possuía aptidões diferentes. Meu desafio foi fazer minha filha que não possuía tais aptidões diminuir a auto cobrança e comparações que aumentariam sua dificuldade.

Robison (2008) reconhece que em muitos aspectos o sistema educacional da maioria dos países foi desenvolvido com base em aptidões acadêmicas valorizando certos tipos de raciocínio e critica, particularmente quando expressos em palavras e números. No entanto o que Robison salienta é que por mais importante que sejam essas habilidades, a inteligência humana não se restringe a elas. Por essa razão desenvolveu-se uma ideia que inteligência aparece em certos tipos de atividade, especialmente na matemática e no uso de palavras sendo possível medir o seu nível por meio de testes de múltipla escolha, o mais conhecido é o teste de Q.I. (quociente de inteligência). Alfred Binet (1857-1911) foi um dos precursores desta modalidade, ele pretendia medir a inteligência como uma função da capacidade para aprender avaliada de modo padronizado, dentro de um ambiente acadêmico, cientificamente controlado.

Em 1926, o psicólogo Lewis Terman decidiu identificar e estudar um grupo de crianças superdotadas. Ele selecionou 1,5 mil alunos da Califórnia (EUA) com QI maior que 140 – 80 deles com mais de 170 de QI. O grupo ficou conhecido como os "Termites", e os altos e baixos de suas vidas ainda são estudados hoje em dia. Muitos dos integrantes do grupo pesquisado cresceram e fizeram fama e fortuna. Mas, inesperadamente, muitas crianças no grupo de Terman preferiram profissões menos glamorosas, como policial, marinheiro ou datilógrafo. Os Termites também não foram particularmente mais felizes do que o cidadão americano comum, com os níveis de divórcio, alcoolismo e suicídio semelhantes ao da média da população do país. Ou seja, na melhor das hipóteses, um grande intelecto não faz diferença em relação à sua satisfação com a vida. Na pior, ele pode significar uma sensação maior de vazio.

Alexander Penney, da MacEwan University, no Canadá entrevistou estudantes universitários sobre vários tópicos e descobriu que aqueles com o QI mais alto se sentiam mais ansiosos. Mas, curiosamente, a maioria das preocupações era banal e cotidiana. "Eles não se inquietavam por coisas muito profundas, mas se preocupavam mais frequentemente sobre mais coisas", diz Penney. "Se algo ruim acontecia, eles passam mais tempo pensando naquilo."

Keith Stanovich, da Universidade de Toronto, passou a última década preparando testes de raciocínio e descobriu que decisões justas e independentes não estão nem um pouco relacionadas ao QI. Segundo ele, os indivíduos que se saíam melhor em testes cognitivos padrão são na realidade um pouco mais vulneráveis a terem um "ponto cego de predisposição". Ou seja, eles têm menos capacidade de enxergar seus próprios defeitos, mesmo quando são capazes de criticar os pontos fracos dos outros.

Igor Grossmann, da Universidade de Waterloo, no Canadá, pesquisou o nível de sabedoria, procurando identificar quem poderia fazer um julgamento bom e sem amarras. Em um experimento, Grossmann apresentou a voluntários vários dilemas sociais – que iam desde o que fazer sobre a guerra pela Crimeia a crises que leitores descrevem em colunas de aconselhamentos sentimentais de jornais. Conforme os voluntários falavam, um painel de psicólogos julgava seus argumentos e sua tendência a uma ideia preconcebida. Os que mais pontuaram acabaram predizendo maior satisfação com a vida, mais qualidade de relacionamento, e menos ansiedades e preocupações – todas as qualidades que parecem faltar a pessoas enquadradas no conceito clássico de inteligência. Crucialmente, Grossmann descobriu que um alto QI não necessariamente significa maior sabedoria.

Os estudos de Terman, Penney, Stanovich e Grossmann[2] citados acima têm em comum que alto nível de QI pode significar na realidade um desequilibro em vez de uma vantagem em termos de inteligência. Similar ao que acontece com a estrutura de temperamento ou estilo psicológico, se um padrão for muito elevado isto pode significar maior desequilíbrio e desta forma mais dificuldades.

É evidente que hoje existem muitos questionamentos e tentativas de mudar este quadro. No campo acadêmico o trabalho de Howard Gardner, um psicólogo cognitivo e educacional estadunidense, ligado à Universidade de Harvard, sobre as inteligências múltiplas trouxe uma nova luz a essa questão. Sua teoria ampliou o entendimento de inteligência abrangendo nove campos ou tipos de inteligências: linguística, musical, lógico-matemática, visual/espacial, corporal/sinestésica, Interpessoal, intrapessoal, naturalista e por final a inteligência existencialista. O trabalho de Daniel Goleman sobre inteligência emocional também vem contribuindo para ampliar o entendimento sobre inteligência.

Pelas razões expostas acima qualquer teste ou pesquisa que busque comparar o grau de inteligência entre pessoas não representará uma pesquisa válida e ao contrário será injusta para os pesquisados que não tiverem suas inteligências representadas no instrumento de pesquisa. O desafio para os pais, professores e líderes é o de descobrir a inteligência e os interesses de cada indivíduo e por outro lado evitar a comparação.

3.2.3   Razão versus emoção: uma contraposição equivocada

Exatas ou humanas? Ouvimos muito esta divisão quando tratamos de orientação vocacional. Esta divisão como oposição tem a mesma origem do estreitamento do conceito de inteligência, o iluminismo. A razão é a "luz" que trouxe libertação do obscurantismo da inquisição enquanto que a emoção expressava a subjetividade e o "descontrole" e muitas vezes atribuída, na idade media, a fontes demoníacas. É comum ainda hoje pessoas quando se emocionam pedirem desculpas.

Fui procurado por um ex-aluno que estava insatisfeito com sua carreira e cogitava realizar uma nova formação, sua dúvida estava entre engenharia e psicologia. A dúvida era natural tendo em vista que o perfil combinava aptidões racionais com afetivas. Outro exemplo é o de um

---

[2] http://www.bbc.com/portuguese/noticias/2015/04/150417_vert_fut_lado_ruim_inteligencia_ml consultado em 15/07/2016.

gestor que acompanhei em seu processo de preparação para aposentadoria. Na sua última experiência ele gerenciava uma área que combinava técnicos altamente experientes e artistas fazendo esta gestão com muita maestria. Neste caso novamente a combinação de aptidões racionais e afetivas facilitavam seu trabalho: a gestão dos técnicos (racionais) enquanto que as afetivas que reúnem capacidade de empatia e relacionamento facilitavam um bom gerenciamento dos artistas.

Vygotski, citado por Vergnaud (2004) afirma que a separação do aspecto intelectual de nossa consciência do seu aspecto afetivo, volitivo é um dos maiores e fundamentais defeitos de toda a psicologia tradicional. Pois o pensamento ainda não é a ultima instância no processo, ele nasce, não num outro pensamento, mas na esfera motivante de nossa consciência que engloba nossos impulsos e nossas necessidades, nossos interesses e nossas mobilizações, nossos afetos e nossas emoções. Por detrás do pensamento existe sempre uma tendência afetiva e evolutiva.

Francisco Varela (1946-2001) foi um cientista e filósofo chileno que concentrou seus estudos sobre a biologia da cognição, um dos seus legados foi a liderança de uma série de encontros promovidos entre pensadores ocidentais e orientais chamado de Mente e Vida. No encontro promovido no verão de 1991 sobre emoções ele afirma que no ocidente existe a tendência de imaginar que poderíamos ter cognição sem qualquer tonalidade emocional, segundo o diálogo entre os participantes é consenso que o sentimento é um dos fatores mentais onipresentes e que qualquer tipo de cognição haverá algum sentimento, seja de prazer, desprazer ou indiferença.

Feuerstein (2010), pesquisador na área de cognição e aprendizado, em seus estudos tinha como motivação a recuperação de crianças vítimas do holocausto. Ele afirma que a emoção é a base energética, a força principal e a resposta à pergunta: Por que eu faço ou não faço. Para ele praticamente não há comportamento que não tenha motivação emocional e elemento cognitivo, ou seja, meu comportamento é um produto destes dois componentes. Feuerstein que trabalhou com Piaget, reconhece a contribuição deste importante biólogo suíço ao tema, esta contribuição indica que as habilidades cognitivas evoluíram como adição ao magma, ao núcleo central da vida, feito de emoções, tendências e impulsos. Estas habilidades cognitivas, segundo Piaget, poderiam ser assumidas como gradualmente criadas a partir deste núcleo central que são as emoções.

Damásio (1994) diz que o principal enfoque de sua obra O Erro de Descartes é a relação entre emoção e razão. Baseado nos seus estudos com pacientes neurológicos construiu a hipótese que a emoção era parte integrante do processo de raciocínio e poderia auxiliar este processo ao invés de, como se costuma supor, necessariamente perturbá-los. Como

Piaget já afirmara, Damásio diz que a proposta inovadora do seu livro é reconhecer que o sistema de raciocínio evoluiu como uma extensão do sistema emocional automático, com a emoção desempenhando vários papéis no processo de raciocínio.

Goleman (2011) ao apresentar um breve resumo da pesquisa de Damásio, afirma que para se tomar uma boa decisão, temos que ter sentimentos sobre os nossos pensamentos. Goleman demonstra que a sede das emoções situa-se em nosso "cérebro reptiliano" onde fica o sistema límbico, com a evolução desenvolvemos o Neocórtex que contem os centros para cognições e outras operações mais complexas. Desta forma, a relação entre nossos sentimentos e outras formas de cognição, tais como o pensamento lógico não podem funcionar como oposição, pois tendo um surgido em evolução ao outro, faz com que mantenham relações de complementariedade e interdependência, com funções diferentes, jamais em oposição direta.

A oposição entre essas duas áreas é outro mito construído ao longo do tempo que para alguns perfis não faz sentido visto que podem demonstrar interesse e combinar uma atuação em ambos os grupos de aptidão ou inteligência.

4. A DINÂMICA PSIQUICA DO DESENVOLVIMENTO DE UM TALENTO

4.1   Introdução: uma visão geral de diversas abordagens

Ken Robinson é um pedagogo inglês crítico do atual modelo educacional, seu vídeo, A escola mata a criatividades das crianças postado no site ted.com foi assistido por mais de quarenta milhões de pessoas. A leitura do seu livro, O Elemento Chave, no verão de 2013 influenciou minha visão sobre talento e minhas aulas de gestão da carreira ministradas em MBAs. Elemento chave é o ponto de encontro entre aptidão natural e a paixão pessoal. Seu livro é fruto de uma pesquisas com diversas pessoas altamente talentosas em suas áreas, entre elas ele entrevistou o ex-Beatle Paul MacCartney, o escritor Paulo Coelho e Matt Groening, criador de Os Simpsons. Segundo Robinson "descobrir seu elemento-chave é essencial para alcançar o sucesso e o bem-estar, e, por tabela, para saúde de nossas organizações e eficácia dos sistemas educacionais"

Para Robinson encontrar nosso elemento-chave implica em descobrirmos nossos próprios talentos e paixões, ele nos pergunta por que a maioria das pessoas não encontra o seu elemento. Para ele um dos principais motivos é que as pessoas têm uma concepção muito limitada das suas aptidões naturais. Esta afirmação é amplamente confirmada pela minha experiência nos atendimento de coaching e orientação de carreira. Trato desta dificuldade no capítulo sobre a escolha profissional. Na exposição que faço sobre aptidão resolvi aprofundar o tema pois percebo como o seu tratamento é limitado e confuso nas áreas de orientação vocacional das escolas e de seleção e desenvolvimento de recursos humanos nas empresas.

O Elemento chave tem dois aspectos principais e duas condições para se manter nele. Os aspectos são aptidão e paixão e as condições são atitude e oportunidade. Ele estabelece uma sequência: eu possuo, eu amo, eu quero.

A primeira, eu possuo, refere-se à aptidão, segundo Robinson é uma facilidade natural que um indivíduo tem para fazer alguma coisa, a sensação intuitiva ou o entendimento do que é essa coisa, de como funciona e de como usá-la, isto significa que as pessoas não são boas em tudo, mas algo em particular. Por outro lado o elemento-chave não envolve somente aptidão, para se conectar a ele é preciso paixão, o segundo aspecto envolve um amor pela atividade. Esta conexão faz com que tenhamos um grande prazer em fazer o que fazemos. Além dos dois aspectos (aptidão e paixão) é necessário querer, surge então a primeira condição, a atitude. É necessário fazer com que sua atitude sustente o caminho muitas vezes árduo. Atitude, segundo Robinson "é a perspectiva que temos em relação a nós mesmos e às circunstâncias: o modo como vemos as coisas, nossa disposição e nosso ponto de vista". A segunda condição é a oportunidade de aplicarmos nossas aptidões, "sem as oportunidades é possível que você jamais saiba quais são as suas aptidões e até onde elas poderão levá-los".

Daniel Coyle é editor colaborador na revista Outside e ex-editor sênior, foi indicado duas vezes para o National Magazine Award. Ele escreveu para Sports Illustrated, The New York Times Magazine e Play. Seu livro que abordo é o Código do Talento. Nesta obra ele traz uma contribuição singular e complementar a de Robinson. Segundo Coyle o Código do Talento se baseia em descobertas científicas revolucionárias sobre o isolante neural chamado mielina, autalmente considerado por alguns neurologistas o Santo Grall da aquisição de habilidades. Segundo esta tese toda a habilidade humana, seja ela esportiva ou misical, é criada por cadeias de fibras nervosas que transmitem um minúsculo sinal elétrico. O papel da mielina neste processo é revestir estas fibras nervosas tornando o impulso mais forte e mais rápido por impedir que os impulsos elétricos extravasen. Para Coyle a mielina é importante por três razões: A primeira é que ela é universal, todos podem desenvolvê-la, a segunda razão é que ela não é seletiva, seu crescimento viabiliza todo tipo de habilidade, seja ela mental ou física. A terceira é que ela é imperceptível, não podemos vê-la ou senti-la, e só notamos seu aumento pelos feitos quase mágicos que provoca.

Seu trabalho divide esta capacidade para aprender a criar mais mielina no nosso cérebro em três partes: A primeira parte é o treinamento profundo, esta pratica vai reforçando trilhas em nosso cérebro que serão mais fáceis de serem acessadas com a evolução do treinamento, similar ao que acontece com o fortalecimento de um musculo na pratica em uma cademia. A segunda ele chama de "ignição", um sinónimo de motivação ou inspiração fundamental para sustentar a prática e o terceiro a escolha de mentores ou treinadores que é algo que todos sabemos ser imprescindível para qualquer tarefa que pretendamos executar com mestria.

Geoff Colvin é jornalista de negócios nos Estados Unidos, editor sênior e colunista da revista Fortune, faz comentários diários em programa na rádio CBS e é âncora do programa de televisão *Wall Street Week With Fortune*, da PBS. Em seu livro Desafiando o Talento ele aborda os "mitos e verdades" sobre o sucesso. Segundo Colvin alguns pesquisadores argumentam que as habilidades para alvos específicos são simplesmente ficção, você não nasce com o dom natural para música ou vendas. Colvin diz que o fator que parece explicar melhor o desempenho notável é uma coisa que os pesquisadores chamam de prática deliberada. Mas alerta o autor sobre a dificuldade da sua aplicação, sendo a restrição mental a principal delas independentemente do campo de conhecimento. De um campo de conhecimento a outro a concentração exigida é tão intensa a ponto de exaustão. Prática deliberada é difícil e não é inerentemente agradável por isso requer motivação e paixão.

Segundo Colvin esta nova compreensão do desempenho notável é especialmente válida porque parece generalizável, aplicável em várias áreas do conhecimento e domínios, esta ideia parece irresistível. Sua necessidade, reconhece o autor, parece ter chegado em boa hora. Em todos os setores da indústria, pelo mundo inteiro, os negócios têm de se dar no padrão mais elevado e continuar a melhorar para serem competitivos. O desempenho notável está adquirindo um valor maior. Não só as empresas que têm que manter seu desempenho lá no alto, é cada um de nós, individualmente. A pressão que há para melhorarmos sem parar é maior do que antes porque houve uma mudança histórica na economia. O surgimento da sociedade do conhecimento como alternativa à industrial e a falta de restrição de capital financeiro tornaram as capacidades humanas mais escassas.

John C. Maxwell é autor de diversos *best-seller* na área de liderança, embora sua obra "Talento não é tudo" apresente uma abordagem que reforça muitas questões já levantadas acima, seu conceito de talento, em alguns momentos sinaliza como sinônimo de forças e aptidões naturais. Ao afirmar que todos têm talento ele diz que "as pessoas têm o mesmo valor, mas não o mesmo talento". Algumas parecem ser abençoadas com muitos talentos, por outro lado, a maioria de nós tem menos habilidades. Ele afirma: "todos têm algo que podem fazer bem" Ele cita o livro Agora, descubra seus pontos fortes, dos autores Marcus Buckinghan e Donald O. Clifton. Neste livro os autores afirmam que toda pessoa é capaz de fazer algo melhor do que as dez mil pessoas ao lado, chamam esta zona de pontos fortes. No capítulo sobre aptidões abordo pontos fortes como sinônimo de uma combinação de grupos de aptidões.

Segundo o autor as escolhas importantes que se fazem, com exceção do talento que já se tem, irão distingui-lo dos outros que têm somente talento. Cita William Jennings Bryan , orador, advogado e líder político , em que afirma: "O destino não é uma questão de sorte; é uma questão de escolha.

Não é algo que se espera, mas algo a ser alcançado ".

O autor afirma que descobriu treze escolhas importantes que podem ser feitas para maximizar o talento de qualquer pessoa:

1. A creditar estimula o seu talento.
2. A paixão fortalece o seu talento.
3. A iniciativa põe o seu talento e m ação.
4. O foco direciona o seu talento.
5. A preparação posiciona o seu talento.
6. A prática aguça o se u talento.
7. A perseverança sustenta o seu talento.
8. A coragem testa o seu talento.
9. Ser receptivo ao ensino expande o seu talento.
10. O caráter protege o seu talento.
11. Os relacionamentos influenciam o seu talento.
12. A responsabilidade fortalece o seu talento.
13. O trabalho em equipe multiplica o seu talento.

Maxwell afirma que seu livro não é contra o talento, ele acredita na importância do talento e não pretende minimizá-la. Ele indaga, então, basta ter talento? Ele responde que sim, mas só no começo, pois ele faz com que você seja notado. Como o seu objetivo é apresentar os fatores de sucesso, na sua abordagem ele afirma que o que separa pessoas talentosas de bem-sucedidas é o trabalho duro. Trabalho duro envolve atitude.

4.2   Análise comparativa da dinâmica psíquica

No quadro abaixo apresento uma analise comparativa dos principais fatores que impactam no desenvolvimento do talento e na ultima coluna apresento o modelo que aprofundarei a partir deste ponto.

Quadro 2 – Análise comparativa dos modelos

Ken Robinson O Elemento Chave	Daniel Coyle O Código do Talento	Geoff Colvin Desafiando o Talento	John Maxwell Talento não é tudo	**Elton Oliveira A Psicologia doTalento.**
O elemento chave – conexão entre aptidão e	A Mielina como acelerador da aquisição	Desempenh o notável	13 escolhas que maximizam o talento	**A Dinâmica psíquica do desenvolvimen to do Talento**

paixão	de habilidades			
Paixão	Ignição (motivação)	Motivação e paixão são requeridas	Foco e paixão	**Fatores extrínsecos: Estímulo, apoio e Oportunidade**
Aptidão	Prática profunda	Prática deliberada	Prática, preparação, relacionamentos, ensino e trabalho em equipe.	**Fator Inato: Aptidão**
Oportunidade	Mentores e professores	Requer professor		**Fatores Intrínsecos: Interesse, motivação e paixão.**
Atitude		Desafio: restrição mental e concentração	Acreditar, Iniciativa, perseverança, coragem, caráter e responsabilidade	**Fator decisivo: Atitude**
				Fator dedicação: prática e treinamento
				O Fator apoio: Professor, mentor.

Elaborado pelo autor

Nos próximos capítulos os fatores psiquicos serão descritos conforme minhas experiencias e bibliografia consultada.

Seção 3

Os Fatores psíquicos

5.   OS FATORES EXTRÍNSECOS: ESTÍMULO, APOIO E OPORTUNIDADE

5.1   O desafio de equilibrar estímulos, interesses e autonomia

Estimulo é inerente à vida, neste caso ele provém do ambiente familiar e do contexto em que a pessoa está inserida. Nunes (2010)[3] comenta em suas pesquisas sobre orientação vocacional que os jovens são unânimes em apontar os próprios pais como os que mais influenciam nas suas escolhas de carreira. A influência dos pais para o "bem ou para o mal" é intrínseca ao seu papel.

A professora Euvira Lima[4] coordenou um projeto chamado escrita para todos em escolas de Minas gerais, este projeto usava princípios da neurociência. Nesta matéria os professores relatam que na fase da infância as crianças criam muito, mas segundo a professora Euvira, este criar deve ser sem avaliação, a ideia é o aprendizado seja natural, não forçado, sem imposições e com muitos elogios, "isto ajudará a criar emoções positivas que poderão usar lá na frente". Mas nem sempre é assim, atualmente vemos famílias encherem a agenda dos seus filhos com atividades extracurriculares com a ideia em "investir no desenvolvimento delas." Numa festa de aniversário da minha filha mais nova percebi um descontrole emocional em uma criança que participava da festa, me aproximei dos pais e durante estas conversas e observações percebi uma provável causa: A criança tinha

---

[3] Citado no capítulo 3 de LEVENFUS, Rosane Schotgues. Orientação vocacional ocupacional. Editora Artmed, 2010.

[4] Citado em Cérebro – Máquina de aprender. Uma série de cinco reportagens apresentadas pelo Jornal da Noite da rede Globo em junho de 2013 – A citação aqui se refere ao programa 2 – disponível no youtube.

muitas atividades extracurriculares, anotei cerca de cinco, além do período escolar normal.

Segundo Soares-Lucchiari (1993, 1997b)[5] os pais têm um conjunto de expectativas sobre o futuro dos filhos. Identificando-se ao ideal de seus pais, o jovem tenta corresponder a suas expectativas de ser um grande médico, um empresário bem-sucedido ou um célebre juiz. Esta utilização dos filhos pelos pais deve deixar espaço suficiente para os filhos desenvolverem uma relativa autonomia em suas escolhas. Entendo que o respeito à autonomia psíquica da criança ou adolescente é fundamental para que tenha condições perceber seus interesses e fazer escolhas legitimas.

Em um workshop sobre gestão da carreira comentei que pais médicos, empresários e advogados, principalmente quando considerados bem-sucedidos, tendem, muitas vezes, a direcionar escolha de seus filhos, mais que em outras profissões. Esta afirmação é uma constatação de diversos casos que atendi em orientação de carreira. Quando terminei a frase uma participante me contestou dizendo que seu pai era médico e não tentou direcioná-la. Ela comentou que seu pai lhe disse: "Filha você pode ser o que você quiser, mas eu ficarei muito feliz se você for médica". Escutei respeitosamente e apenas afirmei que isto era uma tendência, não algo absoluto. Para minha surpresa, ao final o evento, ela sentou em uma cadeira próxima e ao tentar conversar comigo desabou em choro. Sua reação demonstrou a pressão psicológica que a expectativa dos pais exerceu sobre ela, talvez tenha gerado outros danos que neste caso não consegui avaliar.

Em 2016 matriculamos nossa filha Camila, então com cinco anos em uma nova escola, o objetivo era antecipar uma transição para uma escola maior para que não colidisse com seu ingresso na primeira série, desta forma acreditávamos que este impacto seria melhor absorvido. A estratégia demonstrou-se adequada, mas em função da nossa agenda de trabalho e do modelo da escola foi necessário inscrevê-la em um período adicional pela parte da manhã, nestas atividades incluía artes, expressão corporal, etc., dessa forma pensámos que poderia ser positivo para ela. Como era eu que a levava diariamente, com o passar do tempo percebi um descontentamento por parte dela. Minha especialização em análise de perfil ajudou a entender a situação. A Camila tem um perfil que reúne aptidões afetivas e reflexivas (visionária) e como variava muito a cada dia as crianças que participavam

---

[5] Idem nota 3 acima.

das atividades ela tinha dificuldade em estabelecer vínculo, uma necessidade do padrão afetivo, além disso, se reunirmos todas as atividades (manhã no turno adicional e à tarde no turno normal) ela possuía um conjunto muito grande de atividades dirigidas, isto para um perfil reflexivo não é positivo. Este perfil, muito criativo, gosta de autonomia e em casa ela pode decidir o que fazer. Uma atividade que imaginávamos positiva na realidade tornara-se um sofrimento para as características psíquicas dela. Reestruturei minhas atividades e tiramos ela do turno matinal.

Outro exemplo com a minha filha Camila pode ajudar a compreender a força de um estímulo. Ela iniciou na escola nova com cinco anos e na primeira reunião de avaliação anual com a professora ela chamou atenção para a evolução da Camila em seus desenhos. Ao analisarmos esta evolução que foi percebida num intervalo de um mês concluímos que ela se inspirou em um caderno de desenho da figura humana que era das aulas de desenho da sua mãe. Não houve por nossa parte nenhuma expectativa ou objetivo que ela evoluísse. Mas como resultado ela teve uma elevação da sua autoestima e lembranças positivas que poderá retornar mais tarde.

Desenho 1 – realizado na escola em 29/02

Desenho 2 – Após descoberta do caderno de desenho da figura humana realizado em 29/03

Miguel Falabella é considerado um artista completo. Ator, dramaturgo, diretor, dublador, cineasta, escritor e apresentador de televisão brasileiro. "O Príncipe dos palcos", um vocativo que o dramaturgo Vicente Pereira e a atriz Duse Naccarati o saudavam. Em uma entrevista à TV ele conta que quando era garoto sua avó sempre que queria lhe dar um presente o levava ao teatro municipal para assistir um espetáculo.

Segundo a educadora física Lilian Pererira[6] o abandono do esporte quando o atleta atinge a fase adulta é algo comum. Essa decisão acontece por diversos fatores, um deles trata-se dos inúmeros prejuízos que a prática de um esporte de alto rendimento pode trazer aos jovens que foram inseridos desde cedo na prática e que por isso não estão preparados para lidar com uma carga pesada de treino, com participação em competições importantes, e a pressão que envolve tudo isso. Segundo Pereira quando falamos de iniciação esportiva é comum ouvirmos afirmações equivocadas, tais como: "quanto mais cedo começar, melhor!", "se a criança começar a carreira esportiva logo, quando chegar à fase adulta estará no pico do seu desenvolvimento". Um dos maiores problemas que um treinamento especializado precoce pode provocar sobre a vida da criança, principalmente para o seu futuro, é a exaustão, pois nem sempre encontram o que procuravam quando adentram o ambiente esportivo. Para alguns autores brasileiros, como Kunz (1994 cita Pereira), por exemplo, acredita-se que por volta dos 12 anos é que uma criança pode dar início a um treinamento esportivo especializado, pois nesta idade o adolescente já é capaz de decidir por si mesmo se deseja praticar algum esporte, se quer realmente seguir a carreira atlética e, é também nessa fase que ocorre a preparação do organismo para maiores esforços, tais como o desenvolvimento das qualidades físicas básicas, bem como psicológicas e sociais.

Duckworth (2016) afirma que certa autonomia durante os primeiros anos de vida também é muito importante. Estudos longitudinais sobre estudantes confirmam que pais e professores dominadores destroem a motivação pessoal. Crianças cujos pais as deixam fazer suas próprias escolhas de acordo com suas preferencias têm maior probabilidade de desenvolver interesse que mais tarde sejam identificados como uma paixão. Para o Psicólogo do esporte Jean Côté, abreviar a etapa de interesse lúdico descontraído, descobertas e desenvolvimento pode ter graves

---

[6] https://www.leppen.com.br/single-post/2016/09/23/Cedo-demais-o-que-leva-um-atleta-a-abandonar-sua-carreira - Ela cita: KUNZ, E. Transformação didático-pedagógica do esporte. Ijuí: Unijuí, 1994. Publicado no site do Laboratório de Estudos e Pesquisas em Psicologia Esportiva de Natal, RN – em 05/05/2017.

consequências. Segundo a pesquisa de Côtè, atletas profissionais que experimentaram vários esportes antes de escolher um são mais bem sucedidos ao longo do tempo.

5.2   Fases da vida e como melhor estimular e apoiar cada fase

A Teoria do apego ou teoria da vinculação, desenvolvida pelo psiquiatra e psicanalista John Bowlby, descreve certos aspectos a curto e longo-termo de relacionamentos entre humanos e entre outros primatas. Seu princípio mais importante declara que um recém-nascido precisa desenvolver um relacionamento com, pelo menos, um cuidador primário para que seu desenvolvimento social e emocional ocorra normalmente. Em sua teoria um bebê com comportamento evitante com os pais será reservado e indiferente com os amigos, ele pode ser frio e indiferente com as demandas de um professor (Belsky, 2007).

São os primeiros anos da infância que, em boa parte, ajudarão a definir quem será o adulto no futuro[7]. Ele foi uma criança bem nutrida de afeto e alimentos? Brincou livremente e se sentiu amparado por pais e cuidadores? As experiências vividas até os seis, sete anos terão muito a ver com o senso de bem-estar e as capacidades morais na vida adulta. É uma questão de evolução: "Ao longo de milhões de anos, o ser humano desenvolveu um conjunto de cuidados com seus filhotes para acompanhar sua agenda de amadurecimento", explica a psicóloga Darcia Narvaez, da Universidade de Notre Dame, nos Estados Unidos. Nesse processo, surgiram seis componentes básicos determinantes para o crescimento físico e emocional saudável: aleitamento materno, oferta de conforto e acolhimento, estímulo de experiências sensoriais, respostas às necessidades do bebê – até mesmo antes do choro -, presença física constante com toque carinhoso e espaço e tempo para brincadeira. "Adultos que se recordam de receber essas atenções nas suas infâncias têm menos depressão e ansiedade, maior habilidade de enxergar a perspectiva de outras pessoas e de exercitar a compaixão", diz Darcia.

Ruy Marra[8] recordista mundial de voos duplos de Instrução com asa delta pesquisou o que tinham em comum as pessoas que apresentavam

---

[7] http://istoe.com.br/por-que-os-primeiros-anos-de-vida-sao-tao-importantes/ em 31/05/ 2017.
[8] http://asadeltacoaching.blogspot.com.br/p/neurociencia.html

dificuldades em correr na rampa antes do salto. "Era necessário entender por que algumas pessoas corriam, outras não ousavam correr e muitas pareciam simplesmente "travar" diante do desafio, e fazer alguma coisa a respeito, ou seu sonho estaria com os dias contados". Com ajuda da sua pós-graduação em Biopsicologia foi buscar referências na neurociência, Ruy deu início a uma pesquisa que duraria mais de 10 anos, entrevistando cerca de 2000 passageiros de voo. A sua observação foi dividida em duas etapas: Na primeira, antes da decolagem, ele avaliava as reações do sistema nervoso simpático (batimento cardíaco, respiração e contração da face) dos passageiros. Já na segunda, após o pouso, os participantes respondiam a um questionário informal e voluntário sobre sua infância e questões parentais. Seu objetivo era analisar a definição de matrizes de aprendizado e suas possíveis relações com eventos traumáticos e modelagens comportamentais. Ao final deste procedimento, Ruy Marra pôde "identificar como vivências e eventos passados constroem nossa autoestima e autoeficácia, determinando personalidades mais ou menos resistentes às fontes estressantes, e adquirir o conhecimento necessário para entender como o indivíduo se adapta em situações extremas e prever qual será sua resposta".

Psicólogos que estudam as relações parentais classificam a relação dos pais em quatro quadrantes (veja figura abaixo). Em um dos extremos estão as atitudes compassivas e pouco compassivas que representam níveis de solidariedade e empatia para com os filhos, enquanto que no outro extremo estão a relação de exigência, uma postura que indica a importância e o desejo que os filhos sigam algum tipo de critério ou objetivos. Quando a relação com filhos se posiciona no quadrante de compaixão com algum grau de exigência esta postura favorece que a relação considere as necessidades psicológicas dos filhos. A relação no quadrante sensato envolve autoridade e respeito conquistada pela proximidade e empatia. mas, sem esquecer o papel educador dos pais, estabelecendo limites, regras e responsabilidades.

Figura 2 – Relações parentais

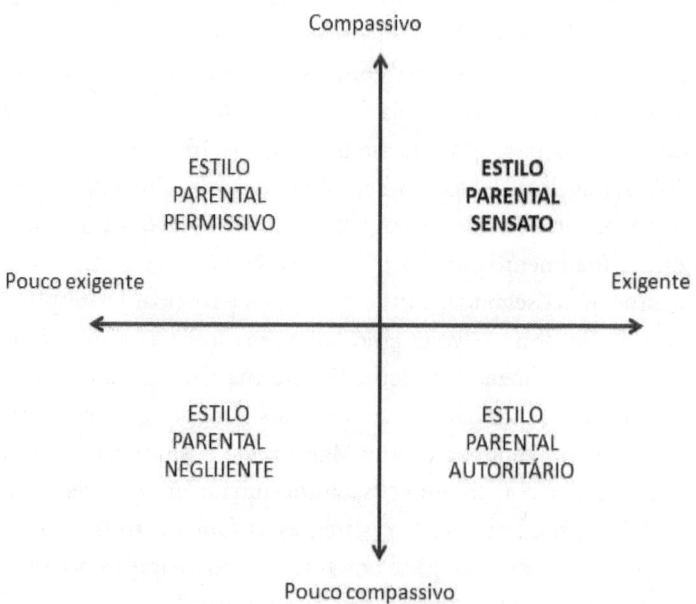

Fonte: Angela Duckworth (2016

Super (1976) afirma que a maturidade vocacional está relacionada com a capacidade e com a oportunidade de desenvolver interesses e usar aptidões, bem como o hábito de tirar vantagens dessas oportunidades. Super identifica que até a idade de 14 anos o autoconceito desenvolve-se através da identificação com figuras chaves da situação familiar e escolar. Esta fase predomina a imaginação, os interesses e a capacidade onde as aptidões ganham mais peso, pois a necessidade do trabalho começa a ser considerada.

Embora as pesquisas acima demonstrem a importância da infância na formação da segurança na vida adulta, outras fases e ciclos também apresentam seus próprios desafios. Erik Erikson (1902-1994) foi um teórico que destacava o desafio de transformar nosso eu da infância na pessoa que seremos quando adulto. Ele denominou esse processo de formação de identidade. No enquadramento de Erikson adultos jovens enfrentam o desafio da identidade, transformando-se de quem são na infância em quem serão na vida adulta.

Quadro 3 Estágios psicossociais segundo Erikson

Estágio de vida	Tarefa primordial
Primeiro ano de vida	Confiança básica versus desconfiança básica
Segundo ano de vida	Autonomia versus vergonha e dúvida
Idade pré-escolar (dos 3 aos 6 anos)	Iniciativa versus culpa
Idade escolar (dos 6 anos à puberdade)	Diligência (produtividade) versus inferioridade
Adolescência (dos 10 aos 20 anos)	Identidade versus confusão de papéis
Adulto jovem (dos 20 aos 40 anos)	Intimidade versus isolamento
Idade adulta (dos 40 aos 65 anos)	Generativa versus estagnação
Idade adulta avançada (dos 65 anos em diante)	Integridade versus desespero

Fonte: extraído de Belsky (2007)

Rudolf Steiner (1861-1925) foi filósofo, educador, artista e esoterista. Foi fundador da Antroposofia. Palavra que originou-se do grego "conhecimento do ser humano", pode ser caracterizada como um método de conhecimento da natureza do ser humano e do universo. Dentro desse pensamento filosófico da antroposofia encontra-se uma forma cíclica de ver a vida chamada "teoria dos setênios". Tal teoria foi elaborada a partir da observação dos ritmos da natureza, da natureza no sentido da vida, na qual todos nós estamos imersos. Ela divide a vida em fases de sete anos e tem como objetivo nos ajudar a compreender a condição cíclica da vida, em que a cada ciclo soma-se os conhecimentos adquiridos no anterior e o enfrentamento de um novo desafio. O quadro 4 abaixo apresenta estas fases, suas principais características, os desafios e como você pode propor questões de reflexão e apoio em cada fase.[9]

---

[9] *Fonte principal: Tomar a Vida nas Próprias Mãos – Gudrun Burkhard – Editora Antroposófica. Fontes secundárias: Assuma a Direção de Sua Carreira – Jair Moggi e Daniel Burkhard – Editora Campus; Odisseia do Desenvolvimento Humano de Thomas Armstrong – Editora Artmed. Desenvolvimento – Experienciando o ciclo de vida – Janet Belsky – Editora Artmed

Quadro 4 – Fases da vida

Biografia Humana – 0 a 21 anos – A preparação para vida e o crescimento físico

0 a 7 anos – até a maturidade escolar	7 a 14 anos –até a puberdade	14 a 21 anos –até a maturidade
Principais características:	**Principais características:**	**Principais características:**
É a fase de formação biológica, neuronal e emocional e o ambiente familiar é a base para tudo isso;	É a fase escolar – do ambiente familiar para o ambiente de confrontação e desafio;	A passagem para esta fase pode significar uma crise maior, pois começa a individualidade e a autoafirmação;
A criança está bastante aberta ao mundo. As impressões penetram em seu interior sem nenhuma proteção;	Maior diferenciação entre o mágico e o real;	A puberdade exige adaptação, acompanhe e escute as dificuldades;
Calor, confiança e amor são seus alimentos anímicos;	Pensamento operacional mais concreto e organização conceitual	Sai do paraíso (infância) e entra no mundo terreno e na vida sexual;
Até os 4 anos a imaginação e fantasia prevalecem, entre 5 e 7 fantasia e realidade se alternam.	Exerce comparação de superioridade e inferioridade em relação aos outros;	O jovem torna-se responsável pelo seu destino;
A aprendizagem se faz pela imitação;	Fase de independência maior em relação à mãe;	Desenvolve sentido crítico;
Necessidades psicossociais: confiança nos primeiros anos após incentivar autonomia e iniciativa. (engatinhar e caminhar)	Nesta fase troca-se o eu e você pelo você e eu;	A importância dos amigos;
A formação de conceitos: Bom, mau e o feio.	Descoberta das diferenças sexuais;	Fase de desenvolver autonomia;
	A aprendizagem se faz pela autoridade;	O potencial cognitivo está desenvolvido;
	O mundo é belo	Interesses específicos vão se desenvolvendo;
		Valorize ritos de passagem;
Estímulos/apoio	**Estímulos/apoio**	Aprendizagem pela Liberdade;
Amamentação estimula vínculo;	Acompanhe as atividades escolares: reforce positivamente os conteúdos com facilidade e ajude naqueles com dificuldade.	O mundo é verdadeiro.
Conversar de forma afetiva estimula atenção;	Não exija grandes desempenhos em áreas de dificuldades nem force estímulos, exemplo: criança introvertida em esportes competitivos.	
Cantar música de ninar;		**Estímulos/apoio**
A partir de 1 ano começa a perceber mais objetos a sua volta;	Questione auto percepções negativas como impotência, rejeição, etc. oferecendo contraponto.	Verifique o "estilo de educação" dos pais (mais liberal, mais regrado, permissividade, rigidez, etc.) para equilibrar excessos e alinhar ao perfil do jovem para melhor apoiar a adolescência;
Valorize todo tipo de linguagem: choro, arrulhos; balbucios e fala telegráfica.	Tenha claro suas aptidões e inaptidões para ajuda-lo com noção de limite, ninguém é bom em tudo.	Mantenha canal de comunicação aberto e estabeleça regras, passe tempo mais longo e de qualidade;
Até 2 anos não é recomendado assistir TV nem ter contato com computadores;	Verifique o equilíbrio entre dar atenção e dar limite;	Acompanhe o desempenho escolar e compare com aptidões e inaptidões;
Engatinhar e caminhar multiplicam estímulos e geram grandes mudanças no cérebro, passe segurança nesta fase;	Limite estímulos digitais principalmente jogos.	Esta fase influencia muito a escolha profissional por isso pense no seu papel de ajuda-lo a identificar aptidões e inaptidões e refletir sobre seu papel e expectativas;
A partir dos 2 dos anos a imaginação se intensifica, recomenda-se giz de ceira, papel, massa de modelar e argila, além de brinquedos de montar.	Rotina se dormir cedo ajudam na segurança e bom desenvolvimento cerebral.	Fase de observar interesses e estimular de forma mais objetiva procurando identificar interesses;
Ler estórias ao dormir ajudará no desenvolvimento da imaginação e na criação da linguagem;		Converse abertamente sobre as escolhas profissionais;
Respeite suas preferências sempre que possível (roupas, cortes de cabelo, etc.)		Caso tenha escolhido um curso superior ou técnico verifique se as possibilidades profissionais estão em alinhamento com suas aptidões e interesses.
Rotina e dormir cedo ajudam no desenvolvimento sadio.		
Compreenda e aceite as características de personalidade (introversão, extroversão, emotivo, medroso, etc.), veja aptidões.		
Caso esteja em creche acompanha as atividades: dê realimentação positiva.		

Quadro 4.1 – Fases da vida

Biografia Humana – 21 a 42 anos – Etapas do desenvolvimento Anímico. Tornar-se homem, tornar-se mulher.

21 a 28 anos – Fase da alma das emoções	28 a 35 anos – Fase da alma do intelecto	35 a 42 anos – Fase da alma da consciência
Principais características: • Atinge a maioridade, o nascimento do eu e a crise de identidade; • Fase emotiva: como vivencio o mundo; • Experimentar profissionalmente para buscar meu lugar; • Acreditamos que tudo é possível; • Confronto: O que a vida nos exige x o que queremos realizar; • No trabalho buscamos desenvolver habilidades técnicas, o risco é nos tornar especialista muito cedo. **Estímulos/apoio** • Escolheu a profissão certa? • Teve a possibilidade de conhecer várias situações de trabalho, fazer várias experiências profissionais? • Consegui colocar seus ideais em prática? • Quais papéis assumiu? Quais mais pesaram? • Conseguiu uma boa relação com o mundo, com a organização do trabalho, com a família e consigo mesmo? • Quais as habilidades técnicas vêm desenvolvendo?	**Principais características:** • A crise dos Talentos: a genialidade precisa ser trabalhada, Estou usando meus talentos? • A crise dos talentos vem para questionar: e a ajudar a conquistar o lugar; • Uma fase mais racional de diálogo e ponderação, • Momento de questionar o mundo; • Desenvolvemos habilidades organizacionais. **Estímulos/apoio:** • A individualidade pode desenvolver-se bem? Pode expressar-se? Sentiu-se i oprimido (a)? • Encontrei meu local de atuação? Sente suas aptidões sendo usadas? • Sente-se valorizado (a)? Percebe que está conseguindo conquistar seu lugar profissional? • Percebe habilidades organizacionais se desenvolvendo? •	**Principais Características:** • Começa o declínio físico; • Fase de maior autocrítica, buscando desenvolver identidade, valores e limites; • Consolidar seu lugar profissionalmente; • Desenvolvemos habilidades sociais e nos capacitamos a liderar; • Crise da autenticidade, não viver mais em função de papéis; • Aos 37 anos acontece maior abertura a missão de vida; **Estímulos/apoio:** • Novos valores se revelaram na vida? Conseguiu fazer transformações na vida e no trabalho, em função desses novos valores? • Está encontrando sua missão de vida? Senti que está a caminho dela? • Como os outros te veem? Como vê a si mesmo (a)? • Que ilusões de si mesmo(a) teve de desmantelar? • Como está desenvolvendo suas habilidades sociais? • Como foi a fase de 21 a 28 que espelhará esta fase?

Quadro 4.2 – Fases da vida

Biografia Humana – 42 a 63 anos – A realização da vida		
42 a 49 anos – A nova visão	**49 a 56 anos – Fase inspirativa ou moral**	**59 a anos – Fase mística ou intuitiva**
Principais características:	Principais características:	Principais Características:
<ul><li>A transição para esta fase pode gerar uma *crise de autenticidade*, uma revisão de vida se aprofunda;</li><li>Esta fase está relacionada a concretização da identidade na adolescência, caso não tenha sido bem vivida surge o risco de entrar em uma nova adolescência;</li><li>Entrando numa fase mais artística e liberação do pensar;</li><li>Buscar uma visão do todo desenvolvendo habilidades conceituais holísticas;</li><li>Buscar novos caminhos e fazer o essencial;</li><li>Aprender a lidar com uma busca mais de propósito e espiritual;</li></ul>	<ul><li>Fase da sabedoria, equilibrar demandas internas e externas, um novo ritmo de vida adequado ao declínio físico;</li><li>É o momento de desenvolver a escuta, ouvir a voz interna;</li><li>Momento de delegar mais, não se envolver em detalhes;</li><li>Projeto de vida e carreira mais alinhados;</li><li>Uma fase mais altruísta;</li></ul>	<ul><li>Uma fase mais introspectiva e mística;</li><li>Declínio dos sentidos e da memória;</li><li>No aspecto profissional é hora de deixar o poder posicionando-se na retaguarda, assessoria, etc.</li><li>Pode ser um momento de novos aprendizados, um novo autodesenvolvimento;</li><li>Momento de fazer retrospectiva da vida;</li></ul>
Estímulos/apoio:	Estímulos/apoio:	Estímulos/apoio:
<ul><li>Sente-se estagnado ou está desenvolvendo alguma criatividade nova? Em que área?</li><li>Renovando sua motivação?</li><li>Está procurando ou já encontrei algum hobby ou desafio novo?</li><li>O que deixou para trás em aptidões, potenciais e talentos que agora pode e quer resgatar?</li><li>Em seu trabalho está preocupado (a) com sucessores?</li><li>Tem conseguido delegar?</li><li>Como está seu casamento? Seus relacionamentos? A relação com seus filhos?</li><li>Desenvolveu habilidades conceituais?</li></ul>	<ul><li>Está conseguindo encontrar um novo ritmo de vida?</li><li>Está conseguindo refinar e focar mais sua vida e carreira? Que projetos queres ainda desenvolver?</li><li>Quais os galhos secos de sua árvore, quais tens de cortar para que novos brotos possam aparecer?</li><li>O que falta aceitar em você?</li></ul>	<ul><li>Como vê a sua biografia como um todo?</li><li>O que conseguiu realizar? Há ainda tarefas que gostaria de completar, ou há outras a realizar?</li><li>Como lida com empecilhos físicos ou doenças, caso eu tenha?</li><li>Como está cuidando do corpo e da saúde?</li><li>Existem relacionamentos que não foram absorvidos, onde tenham ficado coisas em aberto?</li><li>Como está a questão dos seus bens?</li><li>Como está a preparação para a aposentadoria?</li><li>Tens momentos de graça, sentimento de gratidão e alegria? Tens algo para perdoar?</li></ul>

Nestes dez anos de experiência em orientação de carreira muitas pessoas me procuraram em função das suas dificuldades em relação ao seu trabalho. O público majoritário encontrava-se no setênio de 21 a 28 anos, a fase de encontrar seu lugar no mundo trabalho. O resultado da aplicação do inventário de aptidões (denominado por mim de estilo psicológico) explicava suas angustias e insatisfações, tinham escolhido carreiras diferente das suas aptidões ou estavam trabalhando em atividades desalinhadas com elas. Também experienciei uma procura por pessoas que se encontravam no sexto setênio (42 a 49), uma fase de revisão de vida e carreira. Alguns estavam dispostos, inclusive, a realizar um período sabático visando buscar um momento de reflexão mais aprofundada. Alguns em transição de carreira que estavam na faixa etária entre 37 e 45 me diziam que não tinham pressa em se recolocar no mercado pois expressavam o desejo de analisar melhor as necessidades naquele momento de vida. Popularmente chamada de crise dos quarenta, esta fase da vida requer revisão, muitos casais se separam nesta fase, ocorre mais perda de emprego e o risco de retornar a adolescência. Se a formação da identidade não realizada a contento, durante a adolescência, a necessidade retornar a a ela acontecerá podendo levar a comportamentos "pouco aceitáveis" para esta fase mais "madura" da vida. Esta revisão tem sido amplamente noticiada, apesar da pouca compreensão oferecida por estas matérias: "Aumenta o número de trabalhadores que muda de profissão aos 40 anos"; "Chegou aos quarenta e quer mudar de carreira? Ainda há tempo"[10].

É momento da escolha de carreira no final da adolescência que a influencia se torna mais evidente e efetiva. Segundo Nunes e Levenfus (2010) "é significativa a falta de informações que o adolescente demonstra acerca de si mesmo quanto acerca do mundo trabalho e das profissões em geral". Alguns pais que realizaram trabalho de carreira comigo tem me procurado para ajudar seus filhos nas suas dúvidas. Segundo Nunes a influencia dos pais é percebida como ativa, muitas vezes enumeram as profissões, sonham que o filho trabalhe em grandes empresas, impõem escolhas, idealizam tipos de sucesso (fama, por exemplo). Esta afirmação de Nunes eu percebo no relato de clientes que me procuram para redirecionar

---

[10] http://www1.folha.uol.com.br/mercado/2016/12/1838482-aumenta-numero-de-trabalhadores-que-muda-de-profissao-aos-40-anos.shtml (em 17 de maio de 2017);
https://economia.uol.com.br/noticias/infomoney/2014/08/19/chegou-aos-40-e-quer-mudar-de-carreira-ainda-da-tempo.htm (em 17 de maio de 2017)

suas carreiras tendo que vista insatisfações e angustias com seus trabalhos: "meu pai só pagava os cursos que ele achava bom para mim", "minha mãe me disse para fazer contabilidade, ela me disse que um parente dela tinha feito e sempre trabalhou em bons empregos". "minha mãe escolheu para mim", disseram alguns clientes de orientação de carreira. O que meu trabalho de orientação tem demonstrado é que conhecer aptidões é o ponto de partida para qualquer escolha ou esforço no desenvolvimento de talentos, meu primeiro livro Estilos Psicológicos foi dedicado a elucidar este desafio.

5.3   Conhecer as aptidões e interesses dos filhos, alunos e liderados.

Quando comecei a trabalhar em 2007 com metodologias de análise de perfil, o fato de conhecer as diferenças psicológicas em relação às minhas filhas ajudou a melhorar nossa comunicação e foi fundamental naquele momento de finalização do ensino médio, escolha de curso superior e preparação para o vestibular.

Você deve estar se perguntando como é possível identificar as aptidões de crianças, adolescente ou até mesmo um adulto. Conhecer as características comportamentais de cada aptidão e observar comportamentos e preferencias no cotidiano nos ajuda neste mapeamento. O playground do prédio tem sido meu laboratório, é evidente que o fato de ter uma filha pequena me levou a frequentar muitas e muitas vezes este ambiente além de conversar com os pais das demais crianças. Nos mudamos em outubro de 2016, dessa forma, os relatos abaixo fazem parte de quase seis anos de observação em dois lugares distintos. Veja na página 75, 74 e 75 os traços principais de cada padrão de aptidão.

Joãozinho fez um ano recentemente, uma criança grande com uma massa muscular avantajada, muito ativo e extrovertido, características psicológicas de um perfil pragmático. Apresenta comportamento afetivo em relação outras crianças expressando carinho mesmo que de uma forma um pouco "bruta", sua mãe relatou que Joãozinho se assusta fácil com barulhos. Estes comportamentos tanto a relação de afeto quando a expressão de susto são características de um perfil afetivo. Portanto é possível inferir que Joãozinho tem aptidões pragmáticas e afetivas. É uma criança decidida que se impõe facilmente e terá facilidade de mobilizar pessoas para realizar objetivos e metas. Poderá se identificar mais com esportes coletivos por atender integralmente o seu perfil.

Francisco é uma criança de três com menor massa muscular, é calmo, parece mais introvertido e gosta de brincar sozinho, é curioso e passa tempo observando detalhes nas plantas do jardim, apresenta em alguns momentos um comportamento irritado. A curiosidade é uma característica de crianças criativas (perfil visionário) e o fato de observar detalhes e apresentar irritação pode indicar um perfil racional. O fato de ser calmo somado às demais características leva a indicar que o perfil desta criança é racional com apoio de visionário. Uma relação de exigência e muita critica pode levar facilmente ao estresse e a irritação. Com tendência para se identificar mais com grupos de ciência, clube de xadrez do que esportes competitivos.

Mariazinha tem seis anos, ela é muito comunicativa e gosta de estar com pessoas, certa vez comentou no elevador que gostava de pessoas. É impulsiva e apresenta reações de medo, quando percebia uma abelha no jardim subia para o apartamento. Todos estes comportamentos são de um perfil afetivo. Além do afetivo Mariazinha é uma criança com muita imaginação e um domínio conceitual pois se expressa muito bem, gosta de fazer muitas coisas e tem muitos interesses, também é desorganizada. Todas estas características são de uma criança visionária. Desta forma ela apresenta um perfil afetivo e visionário. Este perfil tende a ser carismático e gosta de combinar interações (afetiva) e momentos sozinha (visionária).

Joana é uma criança de oito anos. Demonstra muita energia, é muito ativa e apresenta uma composição muscular acentuada, gosta de diversos esportes e de desenvolver brincadeiras com muita imaginação. Apensar de conviver menos com ela é possível inferir um perfil pragmático e visionário. Em geral é um perfil competitivo e com muitos interesses. Pode apresentar maior grau de ansiedade e dificuldade de concentração pois pode se entediar facilmente, não gosta de muitas teorias e sim de fazer suas coisas.

O primeiro passo é reconhecer o padrão principal, pois seus traços serão mais evidentes, após você pode observar os traços que apoiam o padrão principal. As pessoas com o padrão principal racional serão mais metódicas e organizadas, mais criticas e exigentes. Crianças ou adultos com o principal padrão afetivo precisará constantemente se relacionar, será mais impulsiva e poderá apresentar o medo como comportamento mais evidente.

Já o padrão visionário será bastante criativo, imaginativo e terá muitos interesses. Muito autônoma e perfeccionista. Os pragmáticos serão muito ativos, vão se impor com naturalidade, intensos poderão atropelar os outros.

5.4   Seu filho é um "aluno problema" ou a escola é o seu problema?.

O modelo educacional privilegia as aptidões racionais. Segundo Cury (2017) o racionalismo, ou cartesianismo foi fundamental para o progresso material, mas foi desastroso para o progresso emocional. Sua influência na sociedade ocidental se estendeu em todas as áreas. Este tema é melhor abordado no capítulo sobre aptidões quando abordo a supervalorização das aptidões   racionais nas escolas e pragmáticas nas empresas. O modelo educacional valoriza mais a memorização, acumular informações e ideias prontas, a disciplina e a concentração. Aptidões criativas (visionária), pragmáticas e afetivas não são tão valorizadas no currículo. Segundo Robison (2008) algumas pessoas mais brilhantes e criativas que ele conheceu não eram boas alunas e muitas delas só descobriram aquilo que podiam fazer , assim como quem realmente eram, depois de saírem da escola e se recuperarem da educação que receberam.

Como a escola vai reconhecer e avaliar as aptidões envolvidas em ação e fazer acontecer, típicas de um perfil pragmático, tão valorizado no mundo dos negócios? Nos esportes é que este perfil terá espaço para suas aptidões. As aptidões de relacionamento e comunicação de um perfil afetivo também não possuem espaço nas provas e sistemas de avaliação. Por outro lado, além de pouca valorização das suas aptidões, serão exigidos destes perfis aquilo que não possuem: raciocínio lógico, necessidade de memorização e atenção focada.

Uma criança com perfil psicológico visionário e pragmático tem muitos interesses e adora criar e fazer, um laboratório de robótica, por exemplo, seria como um parquinho de diversões. Este perfil poderá tratado muitas vezes como quem tem déficit de atenção. Sua atenção é aberta e não tão focada, pois tende a ter múltiplos interesses.

Quando minhas filhas começaram a se prepararem para o vestibular eu já previa que uma delas teria maior facilidade que a outra. A de perfil racional/pragmático não teve muita dificuldade para passar num curso concorrido na universidade federal. Este perfil tem maior facilidade de se organizar, disciplina e memorização. Enquanto que a outra com um perfil visionário/pragmático enfrentou maior dificuldade para passar um curso com menor competição. Meu papel foi apoia-la mostrando as diferenças entre as duas e quanto seu perfil não era favorecido para o tipo de prova que exige muita memorização. Diminuir sua ansiedade e possíveis sentimentos de inferioridade comparados com a sua irmã e oferecer recursos adicionais foi importante para que ela superasse esta fase e finalmente entrasse na universidade.

Desde o último ano da educação infantil da minha filha Camila, em 2017, eu presenteio sua professora com o meu livro Estilos Psicológicos, explico para ela o perfil da minha filha, suas aptidões (afetivas e visionárias), e suas inaptidões (no caso principalmente as racionais). Meu objetivo é expor, dessa forma, suas necessidades e a melhor forma do seu aprendizado. Quando ela entrou no segundo ano do ensino fundamental, percebemos que ela apresentava dificuldades, seus cadernos vinham incompletos, faltando partes do conteúdo e do tema. Estes conteúdos tinham em comum o fato que deveriam ter sido ser copiados do quadro, esta dificuldade já havia acontecido em nível menor no ano anterior. Observamos que seu perfil de aptidões afetivas enfrentava diversas dificuldades que geravam um aumento da ansiedade no inicio do ano escolar: seu aniversário é na primeira semana do ano escolar, professora nova e novos colegas. Estes três fatores, certamente, faziam elevar sua ansiedade e dificultar a atenção. Outro fator é a ausência das aptidões racionais que facilitam a atenção concentrada, por outro lado, suas aptidões (afetivas e visionárias) possuem uma atenção aberta e não focada. Segundo Goleman (2013) a consciência aberta cria uma plataforma mental para descobertas criativas e insights inesperados o que se apresenta coerente com o perfil criativo da Camila.

Qual foi a minha atuação frente ao problema? Primeiro foi a de compreender o contexto do aumento da sua ansiedade e o desafio natural do seu perfil diante da necessidade de copiar matéria do quadro. Com esta compreensão procurei demonstrar para ela sua dificuldade natural buscando certo grau de aceitação. Além disso, com o objetivo de elevar sua autoestima, fiz um trabalho com ela para elevar sua consciência dos pontos fortes, desenvolvi uma sigla que sintetizasse esses pontos, a sigla era LCC, liderança, carisma e criatividade. Este trabalho ficou marcado, anos depois ela ainda lembra da sigla.

O modelo educacional está em crise no mundo inteiro e diversos países buscam soluções para tornar a escola um ambiente que possa servir de desenvolvimento do potencial das crianças.

5.5   Cérebros e games: o risco do excesso de estímulos na infância e adolescência[11]

Marc Smith , um dos fundadores da Fundação de Pesquisa em Mídias Sociais, afirma que a maior parte da nossa socialização está fluindo através de máquinas e isso dá origem a grandes oportunidades e a muitas preocupações[12]. Segundo Goleman (2013) embora a maior parte destas preocupações pareçam exageradas crescem os debates tendo os videogames no seu epicentro.

A fim de ajudar a resolver esta questão a revista *Nature* reuniu meia dúzia de especialistas para separar os benefícios dos malefícios. Similar aos efeitos colaterais da alimentação onde tudo depende, alguns alimentos são nutritivos mas se comido em excesso pode ser tóxico. Para videogames as respostas dependem da discussão especifica sobre qual jogo fortalece qual circuito cerebral e de que maneira. E, de modo mais geral, foi identificado que vários games melhoram a acuidade visual e a percepção espacial, a mudança de atenção, a tomada de decisão e a capacidade de acompanhar objetos, embora os estudos não nos permitam saber se as pessoas atraídas pelos games já eram um pouco melhor nestas capacidades. Games oferecem desafios cognitivos cada vez mais difíceis tais como a necessidade de tomar decisões mais precisas e desafiadoras, ter reações em velocidades mais rápidas. Mas essas habilidades não necessariamente se transferem bem para a vida fora da tela de vídeo.

Alguns especialistas argumentam que games rápidos demais podem aclimatar algumas crianças a uma taxa de estimulo muito diferente da sala de aula, uma fórmula que resultaria em ainda mais tédio escolar do que o normal. Há uma correlação negativa entre as horas que uma criança passa jogando vídeo game e o seu desempenho escolar. Quando 3.034 crianças e

---

[11] Esta abordagem é um resumo do capítulo Estímulos à capacidade cerebral ou danos à mente? – Daniel Goleman – Foco – páginas 172 a 179.

[12] *Boston Globe* em 27 de março de 2011. P. 48-51 - Citado em Goleman - Foco – pg. 172.

adolescentes de Cingapura foram acompanhadas durante dois anos, aqueles que se tornaram jogadores de vídeo game compulsivos demonstraram aumento de ansiedade, depressão, fobia social e piora nas notas escolares. Mas se eles paravam com o vicio, todos esses problemas diminuíam. Há também o aspecto negativo de jogar inúmeras horas de games que ajustam o cérebro para uma resposta rápida e violenta.

As gerações recentes criadas com games e coladas a telas de vídeo representam uma experiência sem precedentes: o modo como seus cérebros se envolvem com a vida plasticamente, uma diferença maciça em relação às gerações anteriores. A questão no longo prazo é o que esses games irão fazer às suas programações neurais em função dos estímulos e respostas rápidas.

5.6   Oportunidade é importante, mas a atitude é mais ainda.

Segundo Gladwell (2013) o lugar e a época em que crescemos fazem diferença. A cultura a que pertencemos e os legados transmitidos por nossos ancestrais moldam os padrões de nossas realizações de formas inimagináveis. Em outras palavras, não basta querer saber como são as pessoas de sucesso. Somente perguntando de *onde* elas são poderemos deslindar a lógica por trás de quem é ou não bem-sucedido. Os biólogos costumam falar da "ecologia" de um organismo: O carvalho mais alto da floresta não ostenta essa qualidade apenas porque se originou do fruto mais resistente. Ele também é o mais alto porque nenhuma outra árvore bloqueou a luz solar em sua direção, porque o solo à sua volta era profundo e fértil, porque nenhum coelho roeu sua casca quando esta ainda era nova e porque nenhum lenhador o derrubou antes que ele estivesse completamente desenvolvido.

Cremona é uma cidade no norte da Itália na região da Lombardia, possui cerca de 72.000 habitantes. Ali nasceu Antonio Stradivari em 1644, famoso por ter construído os violinos considerados de melhor qualidade. Hoje em Cremona existem 141 lojas especializadas em violinos: 93 Italianas (dos quais 71 Cremoneses) e 48 estrangeiras (incluindo 25 não europeias). A excelência dos fabricantes de violinos Cremonese é favorecida pela concentração das muitas lojas e pela presença de coleções de instrumentos históricos e ferramentas: seu estudo promove a aquisição e aperfeiçoamento de competências. Artesões que querem desenvolver-se na confecção de violinos se mudam para lá.

A China teve um desenvolvimento industrial tardio em relação a maioria das grandes nações, alguns setores se desenvolveram em regiões especializadas, nestas regiões os fabricantes se reúnem nas casas de chá onde compartilham e aperfeiçoam seus processos produtivos. O mesmo acontece no vale do silício na Califórnia onde um ambiente de inovação tecnológica criou raízes após a ruptura cultural provocada pelo movimento hippie dos anos 60 e 70. Coyle (2009) denomina este ambiente de fábrica de talentos como um padrão amplo e antigo, ele cita os compositores de Viena do século XIX, os escritores da Inglaterra shakespeariana, ou os artistas do Renascimento italiano.

Mas nem sempre o contexto favorável e a oportunidade são suficientes, Gladwell (2013) conta que em meados de 1980, o psicólogo canadense Roger Barnsley chamou pela primeira vez a atenção para o fenômeno da idade relativa. Barnsley fora ao sul de Alberta com a esposa, Paula, e os dois filhos, assistir a uma partida de hóquei, ao examinarem a data de nascimento da maioria dos jogadores perceberam que a maioria havia nascido nos primeiros meses do ano. Quanto mais pesquisava, mais motivos Barnsley tinha para acreditar que não estava diante de uma ocorrência casual, e sim de uma lei absoluta do hóquei canadense: em todos os grupos de elite desse esporte – os melhores entre os melhores –, 40% dos garotos aniversariam entre janeiro e março; 30%, entre abril e junho; 20%, entre julho e setembro; e 10%, entre outubro e dezembro. Simplesmente no Canadá a data-limite para se candidatar às ligas de hóquei por idade é 1º de janeiro. Um menino que faz 10 anos em 2 de janeiro pode, então, jogar com outro que não completará 10 anos antes do fim do ano – e, nessa fase da pré-adolescência, uma defasagem de 12 meses representa uma diferença enorme em termos de desenvolvimento físico. Este padrão acontece também no futebol europeu e no beisebol americano. Desta forma o critério de seleção favorece uma estrutura física melhor em crianças com alguns meses a mais na idade. Isto acontece também na admissão escolar, na atividade de encerramento das aulas de educação infantil em dezembro de 2016 percebi que dois colegas da minha filha Camila leram com desenvoltura um texto, comentei com a minha esposa que a Camila ainda não lia. Ela me disse que aqueles colegas haviam nascido no final do ano e já tinham feito seis anos em março ou abril daquele ano, enquanto que a Camila só iria fazer seis anos em fevereiro do ano seguinte. Se aquele fato gerasse preocupação e alguma exigência da nossa parte ou autoexigência dela isto poderia gerar problemas.

Chris Austin Hadfield é um ex-astronauta canadense, o primeiro astronauta de seu país a fazer uma "caminhada espacial" e a comandar uma expedição na Estação Espacial Internacional. Quando criança ele tinha um sonho de ser astronauta mas seu pais, na época, não tinha programa espacial. Ele analisou quais cursos os astronautas americanos haviam feito, foi então que resolveu formar-se em engenharia mecânica e tornar-se piloto de teste por analisar que este seria um caminho para o seu sonho. Foi então que após a formação em engenharia mecânica, ele fez o curso de piloto de combate na força aérea canadense, graduando-se em 1983. Cursou também a prestigiosa Escola de Piloto de Teste da Força Aérea dos Estados Unidos, na Base Aérea de Edwards, na Califórnia. Em 1992, competindo com mais 5300 canadenses, ele foi selecionado para treinamento de astronauta pela Agência Espacial Canadense, sendo enviado para o Centro Espacial Johnson, da NASA, em Houston, Texas. A atitude favorece a oportunidade.

5.7   Estímulos além da "lógica"

Julian Lennon[13] é fotógrafo, cantor, compositor, produtor e filantropo de 54 anos. O repórter perguntou a ele sobre qual foi a principal mensagem deixada por seu pai (John Lennon) ao mundo e a resposta foi surpreendente: "Tem algumas coisas, na verdade. Uma, que ele não foi um bom pai. Duas, ele certamente acreditou em paz e amor, mas como eu disse antes, isso nunca chegou até mim. Então, você sabe, ele vivia sob dois pesos e duas medidas, até onde eu posso entender. Eu deixei isso para lá. Certamente, o perdoei. Consegui entender a vida que ele teve. Levou um bom tempo para eu entender isso, de verdade. Demorei a entender isso", afirmou. "Ele queria paz tanto quanto eu quero paz, tanto quanto qualquer um de nós quer paz. Por sorte, alguns têm uma plataforma melhor para passar esta mensagem ou de lembrar as pessoas sobre isso. Então, de muitas maneiras, eu aprendi bem com isso. E por isso que procuro passar esta mesma mensagem para a mídia nas plataformas que eu trabalho", diz a matéria. Em 2007, Julian Lennon e sua mãe criaram a White Feather Foundation. A fundação levanta fundos para causas humanitárias, ambientais e projetos de descontaminação de água. Para Julian, a fundação não tem apenas um caráter filantrópico, mas também foi um chamado pessoal. "Meu pai me disse uma vez, que quando ele morresse, teria uma forma dele me mostrar que ele está bem e que tudo ficaria bem, a mensagem viria até mim na forma de uma pena branca. Então algo aconteceu comigo, durante a turnê do álbum Photograph Smile, pela Austrália, um ancião aborígene da tribo Mirning me deu uma pena branca e isso realmente me deixou sem ar".

Em 1989 trabalhava numa agência da Caixa Federal, estava angustiado me sentindo perdido na minha carreira quando de repente tive uma intuição. Um pensamento surgiu como um relâmpago me dizendo

---

13 https://www.mundolivrefm.com.br/ele-nao-foi-um-bom-pai-diz-filho-de-lennon-que-inspirou-hey-jude/ pesquisado em 28 de abril de 2017.

"que meu negócio era entender de gente". Poucos meses depois fui fazer um curso e resolvi me tornar instrutor de treinamento. Gradualmente venho "seguindo minha intuição" e construindo uma carreira que tem se dedicado a desmistificar a natureza humana e ajudar pessoas no desenvolvimento do seu potencial. Novas intuições surgiram, em 2006 estava visitando um local para utilizarmos em um evento sobre meditação e novamente um pensamento surgiu: "era para integrar a meditação no meu trabalho profissional". Isto começou em 2016. Muitos clientes durante as sessões de coaching me trouxeram experiências similares evocando atividades que precisavam investir e situações que viveriam no futuro.

6. O FATOR INATO: APTIDÃO[14]

6.1 Aptidão e sua natureza psíquica

Um dos objetivos centrais deste capítulo é demonstrar que aptidão exerce um papel muito mais fundamental e amplo em nossas vidas do que o senso comum indica. O impacto das nossas aptidões é muito determinante em diversas áreas da nossa vida. Aptidão, na realidade, é uma estrutura psíquica composta de diversos padrões combinados que vão estruturar uma energia psíquica que se expressa de forma natural e preferencial.

Nosso perfil é formado por vários grupos ou padrões psíquicos que produzem sentido e estabelecem características especificas e prioritárias ao nosso comportamento. Considerando que é uma energia psíquica que move a vida, ela precisa ser utilizada, caso isto não ocorra frustação e angustia tomarão conta de nossa psique e com o passar do tempo ficaremos doentes. O desalinhamento da natureza desta energia com o trabalho ou o ambiente é um dos maiores fatores de problemas na gestão da nossa carreira. A minha experiência tem mostrado que é a principal causa para as pessoas buscarem orientação e ajuda. Segundo um dos maiores especialista em *burnout* do mundo, uma doença que causa esgotamento físico e mental relacionada ao trabalho, o canadense Michael Leiter[15], reconhece que a principal causa desta doença é a incompatibilidade entre as pessoas e os seus empregos. Um emprego pode ser satisfatório durante um tempo, mas se torna tedioso quando a pessoa está pronta para seguir rumo a uma posição mais desafiadora, afirma Leiter.

Segundo Pasquali (2003) citando Barclay (1991) apesar de algumas

---

[14] Este capítulo é uma adequação da seção 2 do meu livro Estilos Psicológicos, para um aprofundamento maior recomendo a sua leitura.

[15] http://zh.clicrbs.com.br/rs/vida-e-estilo/noticia/2015/06/o-trabalho-nos-toma-tempo-demais-nao-pode-causar-sofrimento-diz-psicologo-canadense-4775690.html#   - pesquisa em 07/07/2016.

divergências, uma das conclusões que pesquisadores chegaram foi que o temperamento (estilos) inclui elementos de energia: atividade, intensidade, vigor e ritmo de movimento tanto na fala quanto no pensamento; de reatividade; aproximação e afastamento de estímulos; emocionalidade e sociabilidade.

Atuar nos pontos fortes (aptidões) significa ficar em sintonia com nossa energia psíquica, ao contrário atuar em nossos pontos fracos (inaptidões) significa muito esforço e resultados insatisfatórios o que atingirá nossa motivação, estima etc. Desta forma a consciência do nosso estilo e a melhor gestão desta energia propiciarão maior realização pessoal e êxito profissional, menor estresse, angustia e insatisfações. Este alinhamento necessita de uma tarefa e um ambiente específico.

A estrutura energética de nosso estilo produzirá diversas circunstâncias que nos desafiarão. Os desafios são apresentados em termos de uma boa gestão das forças, riscos e fraquezas.

Uma empresa cliente cogitava transferir uma colaboradora da área de controladoria para a área de qualidade e me pediu para avaliar o seu perfil. Sua formação, por influência da mãe, era contadora e seu inventário de estilo apontou para um perfil racional/visionário. Quando entrou na sala para entrevista comigo já consegui perceber pelo seu olhar e expressão que havia algo errado com o resultado do inventário, sua expressão não combinava com o resultado. Durante a entrevista comentou que não conseguia mais trabalhar na controladoria e que seu único momento de alegria era quando chegava na academia e via aquela multidão de pessoas. Após analisar melhor seu perfil concluímos que era uma visionária/afetiva/pragmática. Estava muito angustiada e não conseguiria mais trabalhar na controladoria. O resultado equivocado do inventário como uma racional foi influenciado por muitos anos estudando e trabalhando com contabilidade.

Aptidão como uma energia psíquica é sinônimo de muitos outros termos usados no campo da psicologia: Função psicológica, temperamento, caráter, tipos e traços. Temperamento e caráter procura categorizar analisando traços psicológicos e físicos e muitas vezes são utilizados como diagnóstico em alguns sistemas médicos como a Medicina Tradicional Chinesa, o Auyrveda (Índia) e a Medicina Antroposófica. Campbell, Lindzey, Hall (1998) citam a estrutura de personalidade proposta por Cattel, "o traço é de longe o conceito importante de Cattel. Traço é uma estrutura mental, uma inferência feita ao observar-se um comportamento para explicar a regularidade ou a consistência neste comportamento. Ele vê a personalidade como uma estrutura complexa e diferenciada de traços, com suas motivações grandemente dependente de um subconjunto destes traços.

Carl Jung, autor fundamental deste tema, define tipos psicológicos e suas funções como um modelo característico de uma atitude geral que se manifesta em muitas formas individuais. Por função psicológica Jung entende como uma atividade psíquica que, em principio, permanece idêntica sob condições diversas. Sob o ponto de vista energético, a função é uma forma de manifestação da energia psíquica que permanece idêntica a si mesma sob condições diversas.

Whitelaw et al (2008) afirmam que em nosso sistema nervoso, existem quatro padrões de energia essenciais, que se manifestam em cada movimento, pensamento, sentimento ou ação, desde como levantamos da cama até como nos relacionamos com os outros. "Esses padrões agem mentalmente, fisicamente e por meio de nosso comportamento, uma vez que se baseiam na ligação neuromuscular primária entre corpo e mente".

Como já abordei anteriormente existem quatro grupos de aptidões que estabelecem sentido e preferencia para nossas atividades mentais:

Grupo de aptidões mentais pragmáticas: orientado para ação, desloca-se ao objeto de percepção de forma resoluta buscando atende-lo com a maior velocidade possível. De natureza extrovertida e com uma psique em constante pressão trará agilidade e ritmo ao ambiente. Este grupo de aptidões forma uma psique competitiva e buscará se realizar nos esportes, em áreas que precisam superar desafios, tomar decisões, superar metas e resultados.

Grupo de aptidões mentais afetivas: orientada para sentimentos, desloca-se com muita energia preferencialmente às pessoas, de maneira extrovertida busca estabelecer empatia e aceitação das pessoas no seu entorno. Este grupo de aptidões valorizará os relacionamentos e necessitará das pessoas para se realizar.

Grupo de aptidões mentais racionais: orientada para fatos e dados, busca seguir e estabelecer a ordem e as regras, de maneira mais introvertida, desloca-se ao objeto de percepção de forma judiciosa visando estabelecer o melhor padrão/regra nesta relação. Orienta-se para a realidade e exatidão. Buscará a lógica e atividades precisas como matemática e finanças.

Grupo de aptidões mentais reflexivas (visionárias): orientada para ideias e oportunidades, a função reflexiva procura incutir algo novo no objeto de percepção, mais introspectivo necessita de proposito e sentido para engajar-se melhor no objeto. Busca mudar e inovar necessitando sair da rotina trazendo novas questões constantemente. Adequado para áreas como marketing, desenvolvimento de produtos e na elaboração de estratégias.

Quadro 5: Os quatro grupos de aptidões

Pragmáticas	Racionais	Visionárias	Afetivas
Orientadas para AÇÃO	Orientadas para FATOS	Orientadas para IDEIAS	Orientadas para PESSOAS
Decidido	Planejado	Conceitual	Espontâneo
Prático	Organizado	Estratégico	Empático
Diretivo	Detalhista	Visão Global	Conciliador
Focado	Metódico	Idealista	Entusiasta
Assertivo	Analítico	Inovador	Comunicativo
Urgência	Preciso	Mudança	Extrovertido
Resultado	Persistente	Oportunidade	Persuasivo
Produtor	Concentrado	(Re) Estruturador	Informal
Ágil	Formal	Original	Inclusivo

Elaborado pelo autor

Aptidão é a capacidade de acessar naturalmente cada padrão. Podemos ter acesso a todos mas de forma consciente e natural teremos acesso a um grupo principal e um ou dois grupos auxiliares. Quando somos exigidos de maneira continua em um padrão não natural necessitaremos de esforço e na maioria das vezes com resultados insatisfatórios e este esforço poderá causar estresse e com o tempo doenças físicas e mentais. Nossas aptidões serão formadas por uma combinação de padrões que estruturarão um perfil ou estilo.

A minha experiência no trabalho com o tema demonstra que temos acesso de forma natural às seguintes combinações:

1) Um padrão principal e um auxiliar: Forma mais comum de representação abrangendo em torno de 70% das situações.
2) Um padrão principal e dois auxiliares: Normalmente vem representado por um perfil que combina o padrão visionário, o pragmático e o afetivo, com um deles formando o principal e os outros dois os auxiliares. Esta composição permite ao individuo acessar de forma natural a três padrões ou grupo de aptidões, mas por outro lado provoca certa diluição destas forças diferente da combinação dupla.

6.2   Somos uma combinação de grupos de aptidões

Cada combinação de padrões formará determinado estilo que desenvolverá aptidões e riscos específicos. Estas diversas combinações podem reforçar e abrandar características específicas tanto positivas quanto negativas. Jung (1971) comenta sobre a combinação das quatro funções: "Mas, na verdade, essas funções básicas estão raras vezes ou nunca igualmente diferenciadas e, portanto, disponíveis. Em geral, uma ou outra dessas funções ocupa o primeiro plano e as outras permanecem indiferenciadas no segundo plano. Assim, há muitas pessoas que se limitam a perceber simplesmente a realidade concreta, sem preocupar-se em refletir sobre ela ou em considerar seu valor sentimental". Whitelaw (2008) afirma que a maioria dos líderes tem acesso, alto ou moderado, a mais de um padrão e é capaz de liderar com o que chamamos de estilo. Estilo é a combinação de padrões. Reflete o fato de que nosso padrão base é fundamental para a nossa atuação no mundo e, mesmo quando usamos nosso segundo, terceiro ou quarto padrões, nosso padrão base é o que comanda tudo. A maioria do lideres combina seu padrão base a um segundo padrão em um estilo primário.

"Primeiro eu organizo, depois eu crio" afirmou uma participante Racional/Visionária do curso de Estilos. "Eu fico pensando e montado um ideia (Visionário) e quando sinto que está pronta vou para ação (Pragmático)" comentou um aluno de MBA de perfil Visionário/Pragmático. Assisti uma entrevista de uma escritora comparando seu estilo de escrever com o de outro autor, ela disse:"Eu vou escrevendo e criando enquanto que meu colega primeiro cria a estrutura e depois vai preenchendo metodicamente". O que ela descreveu é a diferença de um Racional/Visionário para um Visionário/Racional.

A formação do estilo dependerá não só desta combinação, mas da intensidade com a qual cada um dos padrões influencia a formação do estilo. É possível identificar o grau de intensidade de cada padrão utilizando entrevistas e sessões de conversas e indagação. Uma intensidade muita alta do padrão principal poderá causar desequilíbrios no seu estilo, por exemplo, um padrão pragmático muito alto poderá gerar um comportamento muito autoritário e agressivo, um afetivo muito alto trará muito drama e impulsividade.

A composição do estilo será influenciada, inclusive pela ordem do principal e do auxiliar. Whitelaw (2008) comenta: "Tanto o visionário com apoio do pragmático quanto pragmático com apoio do visionário combinam a grande figura (V) com o clima de urgência (P), mas diferem no que é fundamental para cada um. Para o estilo (PV), isto é onde o pragmático é o padrão base, o objetivo é vencer ou completar a missão. A capacidade do visionário, como padrão auxiliar, em sentir o fluxo é usada para encontrar formas de vencer. Inversamente para o estilo (VP), onde o visionário á o padrão base e o pragmático seu auxiliar, a essência da vida ou da liderança tem a ver com a manifestação do propósito, e o pragmático é usado para impulsionar esse propósito".

Na realidade os padrões não funcionam de forma isolada, seu conceito e funcionamento como um padrão isolado serve apenas para compreendermos sua natureza e impacto, dessa forma podemos transportá-lo para uma relação de combinação que formará um determinado estilo.

6.3   Capacidades, riscos e necessidades de cada estilo

Um estilo, por ser uma combinação, criará novas competências, riscos específicos e inclusive potencializará algumas competências e certos riscos. O afetivo sendo apoiado por pragmático desenvolverá uma competência específica de motivação e mobilização de pessoas, mas por outro lado aumentará o risco de impulsividade e paternalismo do padrão afetivo. Uma característica do padrão pragmático é que como um apoiador colocará pressão nas características do padrão principal, se apoiar um racional, por exemplo, o risco de rigidez, burocracia, centralização aumentará.

Relata um aluno ao ler sobre seu estilo, ele diz que se deparou simplesmente com o seu retrato em pessoa quando leu o relatório descritivo individual (combinações) de racional com afetivo: "Tudo que está escrito ali fecha comigo, tanto na liderança quanto nas competências diferenciadoras, tanto nas necessidades quanto nos riscos. Enfim, percebi que preciso trabalhar e melhorar exatamente isto que está escrito nos risco e dificuldades: Falta de firmeza e dificuldade de se impor em ambientes mais competitivos. Pode ser inseguro e indeciso, explica em excesso e faz perguntas demais. Justifica-se o tempo todo, preocupa-se em demasia com o que os outros vão pensar. A combinação da insegurança e do medo pode fazer paralisar diante de crises e dificuldades. Meu objetivo é gerenciar, motivar pessoas! É isso que gosto de fazer! A instituição que eu me encontro pode me dar essa oportunidade. Porém, percebo que para gerenciar pessoas, preciso e quero melhorar essas questões acima que mencionei. Essas questões particulares são questões que de certa forma impactam um pouco no meu dia a dia e percebo que preciso melhorá-las o quanto antes possível".

Um visionário, por outro lado, ao apoiar um padrão racional diminuirá sensivelmente os mesmos aspectos que o pragmático aumentou. Mas a junção destes dois padrões, por outro lado, ao mesmo tempo em que amenizará os riscos do racional forçará a criação de novos, pois quando um perfil detalhista e exigente (racional) é apoiado por um perfeccionista (visionário) desenvolverá um novo risco: a lentidão e a possibilidade de quase paralisia diante de certas tarefas. Esta combinação apresenta um grande risco de um transtorno obsessivo compulsivo.

Fui procurado por dois clientes para sessões de coaching com perfil racional/visionário. O primeiro caso estava em dúvida no direcionamento da sua carreira, já na sessão de encerramento o cliente me trouxe uma preocupação. Muitas vezes se apegava em algum detalhe e ali ficava. Como para mim não era uma surpresa eu perguntei como este problema estava evoluindo ao longo do tempo, o cliente me disse que já tinha sido pior e que agora estava bem melhor. Expliquei que era uma tendência do estilo e o importante era manter esta evolução. Outro caso foi bem mais difícil, era muito crônico e já se tratava com remédios psiquiátricos se tornando um caso difícil de melhorar a sua condição através do coaching. Acabou sendo demitida por trancar muito o andamento das tarefas e gerar muitos conflitos com os demais integrantes da equipe por seu alto grau de exigência e perfeccionismo. Era um típico caso de preocupação que se tornou uma obsessão compulsiva.

Outro caso foi de um perfil racional/afetivo que estava trabalhando numa empresa com alto risco de fechamento. Fazia quatro anos que este profissional vivia esta situação e mesmo com o mercado de emprego aquecido naquela época ele não se encorajava em sair, acabou com diversas complicações de saúde. A insegurança (racional) e o medo (afetivo) fez com que este perfil paralisasse diante da dificuldade.

No quadro abaixo você terá uma visão mais completa das combinações com suas aptidões, necessidades e riscos específicos.

Quadro 6: Estilos com seus riscos e aptidões especificas

Estilos	Principais Aptidões	Principais Necessidades	Riscos e dificuldades
Visionário e Afetivo	Engajar pessoas em estratégias, mudanças e inovação em uma organização, minimizando resistências. Gerar mudança e reflexão nas pessoas. Um excelente treinador, pois trabalha com conceitos e possibilidades com foco nas pessoas. Pode potencializar sua atuação se desenvolver conhecimento sobre pessoas. Uma capacidade diferenciadora é perceber o talento nas pessoas. Inspirar e facilitar mudanças nas pessoas. Reestruturar áreas e colocar cada pessoa no lugar certo. Áreas de atuação preferidas: marketing e	Precisa de um ambiente harmonioso onde os conflitos sejam tratados de forma respeitosa. Processo decisório mais lento, pois envolve as pessoas, as possibilidades, contexto e o futuro. Precisa de autonomia e flexibilidade para se sentir livre visando utilizar sua criatividade. Motiva-se pelo desafio de mudar, estruturar coisas novas, reestruturar ambientes, gerar inovação. Devido à forma complexa de pensar e estruturar as ideias trabalha com poucas	A combinação da busca de reconhecimento, flexibilidade (V) e de aceitação e empatia (A) poderá fazer o estilo refém do meio, dificuldade de colocar limites (dizer não), pode levar ao estresse mais facilmente. Prefere o todo e pode perder detalhes importantes. Gosta de começar projetos e ideias, mas tem dificuldade em terminá-los. Possui ciclos definidos, quando termina sua capacidade de gerar mudança e inovação se desmotiva. Sob pressão ou ambiente com muitos conflitos pode levar ao estresse com maior

	endomarketing, treinamento e desenvolvimento, coaching, gestão de projetos de mudança.	tarefas ao mesmo tempo.	facilidade. Em geral é um perfil desorganizado. Em desequilíbrio pode tornar-se muito sonhador e distante, gerar instabilidade no ambiente com muitas ideias de mudança que o grupo não vai acompanhar. Pelo perfeccionismo pode demorar em finalizar tarefas e projetos.
Visionários e Pragmáticos	Reestruturar áreas e empresas apoiado na agilidade e senso de urgência de fazer acontecer. Gerar mudança e inovação em produtos e portfólios. Buscar novos mercados, inclusive externos. Empreendedores ao combinar oportunidade e ação podendo levar a negócio próprio com mais facilidade. Áreas de atuação preferidas: Área comercial, inclusive comércio exterior, área de marketing e industrial.	Precisa de um ambiente ágil e sem burocracia. Processo decisório é ágil principalmente diante de novas oportunidades de ganhos. Precisa de autonomia e flexibilidade para se sentir livre visando utilizar sua criatividade e capacidade de ação. Motiva-se pelo desafio de mudar, reestruturar e gerar inovação.	A autoafirmação (P) e a arrogância (V) poderão criar um estilo muito crítico e gerador de conflitos. Centralização do poder e pouca autonomia para equipe. Possui ciclos definidos, quando termina sua capacidade de gerar mudança e inovação se desmotiva. Pode ser muito ansioso, colocar muita pressão no ambiente e nas pessoas gerando muitos conflitos. Em desequilíbrio pode tornar-se muito sonhador, incendiário e distante, gerar instabilidade no ambiente com muitas ideias de mudança que o grupo não vai acompanhar.
Visionários e Racionais	Gerar mudança e melhoria em processos e procedimentos, regras e normas. Gestor de projetos de projetos complexos e detalhistas, combina visão do todo e a capacidade de gerar mudança com detalhes e procedimentos. Alta especialização é o caminho de muitos profissionais deste estilo. Áreas de atuação preferidas: Trade marketing, gestor de projetos e processos nas áreas de TI, Industrial ou Administrativa, logística complexa. Planejamento e gestão da produção em ambientes complexos. Um grande escritor ou detetive, pois combina a percepção	Precisa de um ambiente harmonioso onde os conflitos sejam tratados de forma respeitosa. Processo decisório mais lento, pois envolve detalhes, possibilidades, contexto e o futuro. Precisa de autonomia e flexibilidade para se sentir livre visando utilizar sua criatividade. Motiva-se pelo desafio de mudar, estruturar projetos, reestruturar processos, gerar inovação. Devido à forma complexa de pensar e estruturar as ideias trabalha com poucas tarefas ao mesmo tempo.	Exigente, detalhista, senso critico (R) e o perfeccionismo (V) pode criar um estilo muito lento na entrega das tarefas e no processo decisório. Gosta de começar projetos e ideias, mas tem dificuldade em terminá-los. Possui ciclos definidos, quando termina sua capacidade de gerar mudança e inovação se desmotiva. Sob pressão ou ambiente com muitos conflitos pode levar ao estresse com maior facilidade.

	de detalhes, metódico e o todo, realidade e imaginação. Músicos instrumentistas, pesquisador, cientista, são competências específicas.		
Pragmáticos e Racionais	Manter controles e padrões. Gestor operacional capaz de combinar foco, agilidade e prazos definidos. Cumpre prazos a trabalha com alto grau de exigência e precisão, enfrenta listas de afazeres com naturalidade. Áreas de atuação preferidas: Controladoria, contabilidade, financeira, administrativa e industrial.	Precisa de um ambiente que cumpra as regras e respeite as promessas, favoreça a organização e ao funcionamento das coisas (R). Precisa de um processo decisório ágil (P). Se mais racional pode se tornar mais lento ao analisar os detalhes e observar às regras. Sugere formas organizadas de agir, próximos passos, capacidade de análise de alternativas, é objetivo, sistemático e planejado. Motiva-se em agir, organizar, manter padrões e processos.	O excesso de controle, rigidez, centralização e a geração de conflitos pelo autoritarismo podem comprometer o seu desempenho. Se mais racional pode ser muito cauteloso com aversão ao risco e prudente além da conta. Exigente e crítico pode gerar muitos conflitos. Pode ser Inflexível e rígido resistindo a mudanças. Risco de tornar-se workaholoc com uma lista infindável. Em desiquilíbrio pode ser tornar extremamente agressivo, gerador de crise e abusar da autoridade. Pode ser fechado a novas ideias, ter visão limitada.
Pragmáticos e Afetivos	Engajar e mobiliar pessoas em metas e ações. Fornece foco e desafio para seus liderados. Consegue combinar pressão, agilidade e gestão de pessoas. Áreas de atuação: gestão de produção, comercial e área de recursos humanos.	O relacionamento constante com pessoas é uma exigência básica. Precisa de um ambiente que respeite as pessoas, pois sempre sairá na defesa dos seus subordinados e colegas. Processo decisório ágil em geral, mas lento quando envolver possíveis perdas ou prejuízo para as pessoas. Precisa de um ambiente ágil com autonomia para ação. Motiva-se pelo relacionamento com pessoas e pelo desafio de superar metas a tingir indicadores.	Impulsividade e dramaticidade, podendo muitas vezes gerar conflitos pela defesa das pessoas e por perder o time nas demissões. Em desiquilíbrio a vida se tornará cheia demais e fora de controle, parecerá Irresponsável cancelando compromissos, falará demais, e verá conspiração em tudo, envolvendo-se em intrigas políticas.
Racionais e Afetivos	Seu principal talento é gerir e engajar pessoas na execução de processos, procedimentos, regras. Um excelente gerente de áreas técnicas, pois combina a gestão de	Precisa de um ambiente que cumpra as regras e respeite as pessoas mantendo um clima amigável. Processo decisório é lento pela análise dos detalhes e	A insegurança (R) e o medo (A) podem fazer o perfil paralisar diante de crises e decisões de grande impacto. Pouco arrojado e resistente a mudanças. Falta de firmeza e

	pessoas e a atenção a detalhes, regrar e normas. Áreas de atuação preferidas: áreas de recursos humanos, engenharia, produção industrial, compras, logística, administrativa e financeira, etc.	observação às regras, podendo ser mais lento ainda quando envolver pessoas. Sugere formas organizadas de agir, próximos passos, capacidade de análise de alternativas, é objetivo, sistemático e planejado. Motiva-se em organizar ambientes e ajudar as pessoas.	dificuldade de se impor em ambientes mais competitivos. Pode ser inseguro e indeciso, explicar em excesso e faz perguntas demais. Justifica-se o tempo todo, preocupa-se em demasia com o que os outros vão pensar.
Visionário, Pragmáticos e Afetivos.	Perfil que combina visão, estratégia, engajamento de pessoas com capacidade de ação e foco. Um excelente treinador, pois trabalha com conceitos e possibilidades com foco nas pessoas com energia e dinamismo. Pode atuar em muitas áreas desde que seja possível combinar as três características. Consultoria pode ser uma opção de carreira.	Precisa de um ambiente harmonioso onde os conflitos sejam tratados de forma respeitosa. Processo decisório ágil mesmo envolvendo pessoas e possibilidades. Precisa de dinamismo, autonomia e flexibilidade para se sentir livre visando utilizar sua criatividade. Motiva-se pelo desafio de resultados, de mudar, estruturar coisas novas, reestruturar ambientes, gerar inovação e engajar pessoas.	Perfil de atuação mais complexa, poderá ter dificuldades em algumas áreas caso não seja possível utilizar um dos três padrões ou exigir em demasia somente de um deles. Prefere o todo e na busca de resultados pode perder detalhes importantes. Possui ciclos definidos, quando termina sua capacidade de gerar mudança e inovação se desmotiva. Sob pressão ou em um ambiente com muitos conflitos pode ter dificuldade de atuação. Sua organização é mais funcional e menos metódica.

Elaborado pelo autor

Em dois casos de visionário/afetivo/pragmático atendidos por mim, um deles pediu demissão depois de passar por complicações cardíacas e me procurou buscando uma reorientação na carreira. Como gestor vinha trabalhando por muitos anos na coordenação de área comercial em empresas de varejo. Havia muita pressão por resultado sobrecarregando seu pragmático e dificultando a utilização do visionário (pensar a estratégia, inovar) e do afetivo (desenvolver e engajar as pessoas) levando ao desgaste que resultou no problema de saúde. O outro caso foi de um gestor também da área comercial com mais de vinte anos de atuação apresentando um quadro de pressão alta que já vinha de muito tempo. Este profissional também optou por uma carreira de consultoria na área comercial dentro do segmento de sua expertise. Seu argumento era que queria um desafio que não tivesse tanta pressão e que conseguisse utilizar mais seu potencial criativo.

Forças são as aptidões que compõe nosso estilo. Temos acesso natural a elas, enquanto que nas fraquezas ou inaptidões este acesso, apesar de possível, requer um esforço. Por isso afirma-se que todos possuem acesso a todos os padrões, mas é a forma de acesso que faz toda a diferença. Uma das maiores causas de angustia e até doenças físicas e psicológicas é a insistência em permanecer numa tarefa ou em um ambiente desalinhados com as nossas forças. Jung (1971) afirma que "a função mais valorizada é sempre expressão da personalidade consciente, de sua intenção, vontade e realizações, ao passo que as funções menos diferenciadas fazem parte das coisas que nos acontecem".

A questão que precisa ser tratada adequadamente é a forma de administrar nossas fraquezas tendo em vista que este tema ainda gera muita confusão e polêmica. Nossa cultura valoriza muito os pontos fracos no sentido de mapeá-los, receber *feedback* e desenvolver planos para a sua superação. Nas aulas que ministro de gestão da carreira, muitas vezes, pergunto aos alunos se tentaram tornar um ponto fraco em forte, aqueles que dizem que sim relatam que não obtiveram resultados com seus esforços. Percebo também que quando as pessoas tomam consciência das suas limitações provocadas pelos pontos fracos, esta consciência produz um alívio pela autoaceitação. Muitos anúncios de emprego, descrições de cargos ou responsabilidades, desempenho esperado etc., não podem ser atendidos na sua totalidade por uma única pessoa, tendo em vista que descrevem necessidades que uma única pessoa não consegue abarcar.

Dois erros são comuns na gestão dos pontos fracos: O primeiro é a tentativa de transformá-los em os pontos fortes e no outro extremo, negligenciá-los.

Uma boa gestão dos pontos fracos envolve três aspectos: o primeiro é termos consciência deles, não conseguiremos gerenciar, fazer escolhas, delegar, etc. se não soubermos que neste ou naquele campo de aptidão nosso desempenho será muito baixo. A segunda questão é a necessidade de focar naquilo que é essencial dentro das diversas tarefas que um ponto fraco poderá nos demandar, ou seja, escolha, algo que você dará mais atenção. Certa vez, ao término da aula em um dos campi da universidade, entreguei todo o conjunto de documentos exigidos para receber o pagamento e ouvi um elogio da secretaria dizendo que eu era muito organizado. Não realidade este é meu maior ponto fraco, mas dentro da "minha desorganização" escolhi a tarefa de manter na minha bolsa um processo já pré-montado, facilitando muito a gestão desta fraqueza. O terceiro aspecto é procurar completar-se na equipe em que estamos inseridos. Fazer parceria ou delegar tarefas para quem possui aptidão pode ser definitivo para o sucesso principalmente se exercermos cargos de gestão.

Em uma conversa com uma professora aposentada com aptidões de uma Visionária Afetiva me disse que se sentia muito realizada ministrando aulas de matemática. A necessidade de se aposentar fez como que migrasse para a gestão da escola, isto a desafiou a buscar conhecimentos de gestão de pessoas. Esta nova experiência permitiu um maior alinhamento (conhecimento do Visionário voltado para pessoas do Afetivo). Ela buscou formação em coaching e hoje ministra cursos sobre gestão de pessoas com um sentimento de realização muito maior que quando ministrava aulas de matemática, um campo mais alinhado com o perfil Racional. Um aluno relatou em um exercício das minhas aulas de gestão da carreira que se enquadrada como visionário-afetivo: "Gosto de trabalhar em projetos e de construir um clima agradável de relacionamento, de visionário-afetivo tenho alguns dos pontos caracterizados como de riscos e fraquezas. Procuro compensar trabalhando com pessoas racionais-afetivas, que me fornecem objetividade".

6.5   Deficiência e estagnação das aptidões.

Muitas vezes empregamos muita energia em desenvolver os pontos fracos e não damos atenção a outros fatores que podem gerar muito mais problemas. A estagnação da energia do padrão principal gerará um tipo de deficiência que tirará a sua expressividade. A deficiência funcionará como a criptonita para o super-homem, retirando seus poderes. Imagine um pragmático sem autoafirmação e com dificuldade em dar limites, um reflexivo que vive distante e idealizando a sua vida ou um racional desorganizado e sem determinação. A causa principal deste desequilíbrio são traumas sofridos principalmente na infância ou adolescência, ou uma educação com um ambiente desfavorável ao padrão. Um padrão afetivo que sofreu pressão psicológica ou abandono poderá dificultar que sua afetividade se expresse quando adulto. Comportamento agressivo com um visionário poderá aumentar sua ansiedade e apreensão diante de dificuldades.

Um perfil visionário/afetivo me procurou pois estava insatisfeito com sua carreira e com dúvidas sobre que rumo tomar. Fizemos algumas sessões de coaching e o que chamou a atenção foi a sua idealização excessiva (visionária) e dificuldade de vivenciar as relações no aqui e agora (afetiva). Muito destas dificuldades estavam relacionadas ao sentimento de abandono na relação com seus pais. Em outro caso um visionário/pragmático apresentava cum comportamento muito ansioso e apreensivo na relação com sua equipe e após algumas conversas ficou

62

bastante evidente que a causa principal deste comportamento tinha sido a relação um tanto agressiva que um dos seus pais mantinha no ambiente familiar, este comportamento esporádico gerou um padrão apreensivo e bastante ansioso. Um pragmático/racional não conseguia dar limites às suas relações pessoais e profissionais, após escutar sua história de vida ficou evidente que um conflito com seu pai gerou muita culpa e responsabilidade desproporcional para com a família considerando seu nível de maturidade. A compreensão da sua história e a relação com os problemas apresentados o fez com que mudasse substancialmente. O primeiro caso eu recomendei um tipo de psicoterapia e os outros dois conseguiram evoluir satisfatoriamente após compreender melhor suas histórias e funcionamento.

Cabe salientar que com a experiência do autor em atender demitidos, em processo de transição de carreira, é possível afirmar que comportamentos em excesso da nossa força geram muito mais demissões que os nossos pontos fracos, visto que eles se sobressaem bem mais aos olhos dos demais. Tanto o excesso de energia quanto sua estagnação ou a são dois aspectos pouco considerados na gestão do nosso desempenho e da própria carreira. Algumas vezes isto ocorre também quando estamos sob forte pressão e ameaça. Em muitos casos esse excesso é constitucional, ou seja, uma característica formadora da nossa personalidade e por essa razão resta-nos aprender a lidar com o problema e apostar que a maturidade poderá trazer maior equilíbrio.

Diferentemente dos pontos fracos, o que nos cabe unicamente fazer uma boa gestão, na maioria dos casos tanto a estagnação quanto a excesso podem ser tratados.

Os tratamentos que considero mais eficazes são os diversos tipos de psicoterapias e as chamadas medicinas energéticas, tais como acupuntura, homeopatia, etc., suas abordagens propõem equilibrar o funcionamento energético e psíquico poderão trazer grandes benefícios.

Coletado de Hicks et al (2014) estas diversas características estão associadas ao excesso dos fatores constitucionais de cada padrão. O fator constitucional água (Afetivo) pode apresentar comportamento impulsivo, desequilíbrio da emoção medo, agitação, desconfiança. Os fatores constitucionais terra e metal (Visionário) podem apresentar necessidade de reconhecimento e aprovação, empreender continuamente, trabalhar excessivamente por não saber dizer não às pessoas (metal) e disperso, necessidade de apoio e atenção, preocupação e o excesso de pensamentos (terra). Os pragmáticos, de fator composicional fogo, podem ficar isolado e fechado. O padrão Racional de fator composicional madeira pode apresentar um comportamento excessivamente organizado e rígido.

Quadro 7: Efeitos da estagnação e da deficiência de energia em cada grupo de aptidões.

Padrões e órgãos	Sinais de estagnação	Sinais de deficiência
Pragmáticos (Elemento fogo – Coração e Intestino delgado)	Falta de alegria, muita movimentação e ativismo sentem-se pressionado e pressionam o meio. Imposição e muitos conflitos.	Frustração nos relacionamentos por dificuldade em expressar cordialidade e os próprios sentimentos. Falta de autoafirmação. Mais parado.
Visionários (Elemento Terra e Metal – Estômago e Baço, Pulmão e Intestino grosso)	Muita ansiedade e preocupação com infinitos pensamentos e questionamentos mentais, obsessão. Arrogância. Preocupação com os outros.	Pessoas isoladas, solitárias, viajantes, vive de idealizações. Insensível e distantes.
Afetivos (Elemento água – Rins e Bexiga)	Muita vontade ser mais forte que as reservas de energia, ou pelas ambições fora da realidade. Impulsividade e dramaticidade. Paternalismo. Excitação e agitação.	Desânimo, rendição completa de si mesmo, perda total do controle, falta de força de vontade. Desconfiado, apático, cauteloso e paralisado.
Racionais – (elemento madeira Fígado/Vesícula Biliar)	Rigidez, muito estruturado organizado e com planejamento excessivo. Irritado e raivoso torna-se brigão.	Inseguro, obediente e complacente, desorganizado, sem determinação. Apático e passivo

Elaborado pelo autor com base na Acupuntura constitucional

Para Adizes (1987) quando um gerente atua somente na função pragmática ele torna-se um solitário e apagador de incêndio. Se a predominante é a função racional o risco será tornar-se um burocrata, age exclusivamente segundo as normas. A função visionária, por outro lado, trará muita instabilidade, um legítimo incendiário. Já a função afetiva prefere a conciliação e por isso sua disfunção é chamada de o politico, aquele que não lidera, apenas acompanha. Whitelaw (2008) refere-se ao excesso desta forma: O pragmático em excesso é impaciente e muito agressivo, não dá espaço para outras pessoas. O racional em demasia é obcecado, teimoso e preso a detalhes. O afetivo em excesso será irresponsável e carregado de compromissos. O visionário, por outro lado, apresentará um comportamento sonhador e distante. Critchley (2002) diz que: Qualquer um pode ser usado tanto eficaz quanto ineficazmente. Os Visionários podem ser originais ou irrealistas. Os Racionais podem ser prudentes ou receosos. Os Afetivos podem estimular sentimentos ou conflitos. Os Pragmáticos podem ser práticos ou bitolados.

Quadro 8: Principais riscos e emoções negativas dos quatro grupos de aptidões

Pragmáticas	Racionais	Visionárias	Afetivas
Orgulhoso	Raivoso	Arrogante	Medroso
Autoritário	Inseguro	Sonhador	Paternalista
Intransigente	Crítico	Preocupado	Impulsivo
Retrabalho	Controlador	Não finalização	Não dar limites
Agressivo	Exigente	Perfeccionista/ obsessivo	Dramático
Centralizador	Impessoal	Irônico	Conspiração
Recompensa	Indeciso	Reconhecimento	Aceitação
Solitário	Burocrata	Incendiário	Político
Agitado	Rígido	Ingênuo	Ressentido

Elaborado pelo autor

Em exercícios ministrados nas aulas de gestão da carreira um aluno afirmou ter o perfil Racional com apoio Pragmático, entre os pontos de destaque, ele comenta a combinação de planejamento, organização e ação, garantindo o comprimento de padrões, regras e procedimentos. Outro ponto que ele achou interessante é quanto à aversão ao risco, muitas vezes prudente além da conta, uma característica que segundo ele deveria melhorar. Outro aluno relata que após fazer o inventário de estilo, se identificou com o estilo pragmático com apoio do racional: "Acredito me encaixar nesse estilo por ser critico comigo e com os outros, assim dependendo da situação faz com que acabe gerando discussões, sei que isso é prejudicial, tento me acalmar, mais isso acaba me martelando por muito tempo. Muitas vezes não consigo abrir meu campo de visão e acabo ficando limitado. Sou movido pelas metas e tarefas, amo o que eu faço e sou extremamente exigente em relação a prazos e por fim sempre procuro as recompensas, falo de forma de agradecimento e não monetária".

Um diretor geral (estilo Visionário com apoio do Afetivo) de uma empresa me procurou por estar muito perdido e angustiado com o novo contexto que estava inserido na sua organização. A empresa tinha sido vendida e um novo presidente assumiu gerando muita insegurança, além disso, esta mudança deu início a realização de reuniões semanais com um gestor administrativo financeiro com o objetivo de prestar contas de orçamento e aspectos organizativos. Este novo gestor exigia mais detalhes e explicações causando-o angustia e insegurança e, muitas vezes, apresentava inclusive um comportamento um pouco ofensivo. Analisando a sua reação e impacto no seu estado emocional chegou-se a conclusão que ele negligenciava seu maior ponto fraco, o padrão racional. Ele participava da reunião totalmente despreparada mesmo com a pauta sendo divulgada previamente. A não gestão do seu ponto fraco começou a prejudicar a utilização dos seus pontos fortes diminuindo sua autoconfiança e estima. A orientação foi para que delegasse para um membro da sua equipe de perfil racional a elaboração de relatórios preparativos para as reuniões. Outra orientação foi que buscasse em um colega que tivesse estilo afetivo uma ajuda através de mentoria o que deu muito resultado. Esta segunda estratégia ajudou no fortalecimento de uma parceria para buscar soluções e fortalecer sua segurança e estima. A mudança foi significativa, após três reuniões a compreensão do seu funcionamento (forças e fraquezas) e as estratégias adotadas reverteram completamente a situação.

6.6   O desafio do alinhamento com as aptidões na escolha da carreira

São muitos os casos atendidos que apresentavam decisões de carreira desalinhadas com as aptidões, a maioria fruto de influencias famiiares. Apresentarei alguns de forma resumida: Uma pessoa de perfil afetivo/visionário me disse que seu pai só pagaria os cursos que ele achasse adequado não os que ela queria. Um perfil visionário/afeito fez o curso de logística por orientação da sua mãe (pragmática), descontente com a sua formação foi trabalhar na área comercial, novamente percebeu que não estava alinhado. Faltava a ele o padrão pragmático para atuar na área comercial. Em outros casos dois perfis racionais/pragmáticos que fizeram opções por profissões com demandas de criatividade (arquitetura) me procuraram, uma delas estava muito insegura e se sentindo inadequada e a outra não via espaço para seu perfil organizador naquele ambiente, embora em ambos os casos fosse possível encontrar uma boa ocupação neste contexto era necessário um posicionamento mais específico. Dois profissionais com perfis racionais/afetivos começaram sua carreira pela área comercial. O primeiro precisava vender um sistema que ainda não estava totalmente finalizado, neste caso este profissional enfrentou duas dificuldades, a falta do perfil pragmático necessário na maioria das áreas comerciais e o segundo desafio é um perfil racional/afetivo é muito ligado a regras e com um senso alto de justiça que dificultava ofertar um produto que ainda apresentava inconsistências. O segundo profissional não conseguiu se firmar no cargo, foi demitido, persistiu na área comercial no ramo de varejo e foi demitido novamente com seis meses de trabalho, orientei que buscasse uma posição de pós-venda ou de apoio à área comercial.

O processo de escolha da carreira nem sempre é conduzido de forma que atenda as necessidades de um determinado perfil. Muitos fatores entram em jogo e podem levar a escolhas desalinhadas. Realizada cada vez mais cedo, esta escolha, muitas vezes sofre influências que consideram mais "os interesses dos pais". Tenho observado nos relatos das pessoas que me procuram que os pais com algumas profissões, tais como médicos, advogados, engenheiros e empresários, correm mais risco de direcionar a escolha dos seus filhos. A influência sempre existirá, é inevitável, faz parte do contexto da vida, mas se realizada de forma natural, pelo exemplo e inspiração, ela provocará uma opção saudável. Muitos filhos seguem a mesma profissão de um dos pais, portanto, este caminho pode ser muito saudável, mas se a "escolha" for direcionada, mesmo que inconscientemente, poderá causar danos que em algumas situações podem ser irreparáveis. Em empresas familiares, muitas vezes, os filhos "não têm muita escolha". Acompanhei um caso de uma família que "educou" seus filhos para assumir o negócio da família, era perceptível que esta relação gerou problemas no desenvolvimento mental e emocional dos filhos, pois este tipo de relação provavelmente interferiu na autonomia e livre manifestação do desejo destas crianças. Também acompanhei casos de pais que trabalhavam em empresas renomadas ou no setor público que provocaram os mesmos danos. Na percepção deles estes trabalhos apresentam "certas vantagens" também direcionaram seus filhos para as mesmas escolhas, era perceptível o nível de insatisfação e angustias nestas pessoas.

Outro erro comum é o desalinhamento com a natureza da tarefa. Uma das situações que mais atendi em processo de coaching são perfis sem o padrão pragmático que escolheram a área comercial, outra situação é o estilo sem o padrão racional trabalharem nas áreas financeira ou contábil. É possível um perfil não pragmático trabalhar em área comercial em situações específicas, tal como uma venda mais técnica ou que exija um investimento de relacionamento de longo prazo para se concretizar um negócio. Uma terceira situação é a de exercer um papel específico que atenda ao seu estilo. Lembro-me de um contador de perfil visionário/afetivo que tinha seu irmão como sócio no escritório, ele ficou com o papel de relacionamento e marketing enquanto seu irmão administrava a rotina do escritório.

O desalinhamento, muitas vezes, já fica evidente durante a faculdade, certa vez atendi um jovem de perfil visionário/pragmático que apesar de um ensino médio cursado com sucesso em escola renomada não foi aprovado em diversas disciplinas de cálculo do curso de engenharia, disciplinas mais identificadas com perfis racionais, mas que por outro lado, quando este mesmo aluno entrava em um laboratório para desenvolver uma experiência pratica sua motivação e desempenho era muito alto. Dentro do próprio curso de graduação, as disciplinas poderão apontar o tipo de tarefa que o estilo mais se identifica.

Na fase da vida entre os dezoito aos vinte e oito anos, é o período de buscar o nosso lugar no mundo, e a carreira ocupa um papel fundamental nesta busca. As escolhas, realizadas nesta fase, precisam contar com a força das aptidões e aspirações, caso contrário uma crise profissional crescerá até seu pico aos vinte e oito anos de idade, denominada crise dos talentos pela teoria dos setênios da antroposofia.

Segundo Burkhard (2016) cada ser humano traz aptidões ou "talentos", sentindo intensamente dentro de si a necessidade de colocá-los no mundo. Um dos impulsos de desenvolvimento que trazemos em nós é colocar os talentos trazidos à disposição dos outros seres humanos. Em torno dos 28 anos as aptidões têm que ser reconquistadas e trabalhadas. A dificuldade é que temos que trabalhar de dentro para fora, com dificuldade e constante esforço; para muitos, esta idade é vivenciada como crise, que muitas vezes até se manifesta como doença física ou psíquica. Esta crise, denominada de crise dos talentos pela antroposofia é a principal causa para me procurarem para sessões de orientação de carreira nesta faixa etária. A aplicação da ferramenta de estilos (inventários de aptidões) e escuta sobre seu processo de escolha explicam a situação e as causas do seu problema. A necessidade de revisão é essencial, uma escolha alinhada ao nosso estilo permitirá o desenvolvimento da próxima fase da nossa carreira que é a conquista do nosso lugar, esta fase começas aos vinte e oito anos e vai até os trinta e cinco. É nesta fase que os primeiros questionamentos começam dando início à revisão para uma nova fase, a crise dos quarenta anos. Uma revisão visando maior alinhamento com nossos valores, propósitos e talentos.

O visionário/afetivo é o perfil que mais dificuldade encontra com as escolhas e a própria gestão da sua carreira. Sua flexibilidade e empatia, muitas vezes, podem leva-lo a pensar que tudo pode ser uma oportunidade, mas o tempo mostrará que isto não é bem assim. Esta percepção desenvolvida através de muitos atendimentos é confirmada quando Hicks et al (2014) descreve o comportamento de um visionário, segundo ele, muitas vezes, se estabelecem tarde na vida, demoram em encontrar seu lugar, antes disso fazem muitas escolhas. Seguidamente entram em sofrimento trabalhando em setores financeiros e contábeis, ou em áreas comerciais. Ao contrário do seu oposto, os pragmáticos/racionais, com praticidade e objetividade, não terão muitas dúvidas nas escolhas de carreira.

Outra questão importante para os visionários é a sua necessidade de novos desafios e mudanças ao longo da carreira, mesmo tendo feito uma boa escolha de carreira, seu ciclo no mesmo lugar poderá terminar em dois ou três anos. Isto acontecerá mesmo que o visionário esteja apoiando outro padrão. Depois que esgotam as possibilidades de mudar e inovar naquele lugar sua motivação se esgotará. Não adianta resistir, quanto mais tempo passar pior vai ficar, começarão a propor mudanças e inovações sem importância, e a troca de área ou empresa será inevitável. Se a natureza do seu trabalho oferecer desafios permanentes de forma natural, que permita inovação mais constante, isto não ocorrerá. Os casos relatados abaixo representam alguns atendimentos realizados.

Um gerente industrial de perfil visionário/pragmático de uma grande empresa multinacional me procurou para conversar sobre a sua desmotivação, segundo ele seu emprego tinha um ótimo salário e benefícios, desfrutava de reconhecimento, mas já não tinha mais motivação para ir trabalhar. Tinha apresentado um projeto que nem ele acreditava muito. Comentei com ele que seu ciclo havia terminado e que necessitava de uma nova área para que sua energia criativa pudesse ser novamente utilizada de forma eficaz. Um profissional visionário/afetivo/pragmático me procurou pela mesma razão, estava desmotivado e suas ideias e projetos não tinham mais aderência por não serem prioritários na organização e em pouco tempo acabou sendo demitido. Recolocou-se como consultor de processos, uma atividade que oferecerá desafios de mudança e inovação constantemente.

6.7   As principais diferenças de cada padrão de aptidões

Cada padrão possui características positivas e negativas próprias, lidam com a realidade de forma bem diferentes, valorizam dimensões diferentes do tempo, lidam de forma diferente com a pressão, demandam tarefas e características ambientais diferentes.

O primeiro passo para uma boa compreensão deste tema é entender a característica central de cada tipo ou padrão, isto facilitará o entendimento das diferenças e como elas impactam nas combinações.

Os pragmáticos (P) movem-se pelo sentido de urgência, seu foco é no que precisa ser feito. Como lideres e gestores muitas vezes serão acusados de pressionar e atropelar seus colaboradores.

Os racionais (R) vão trazer ordem e organização ao ambiente, guiados por dados e fatos. Hicks et al (2014) afirma que uma das primeiras coisas que fazem é avaliar quais são as regras, as estrutura e o limites. Jung (1971) diz que (R) se orienta pelo objeto e pelos dados objetivos.

Por outro lado, os afetivos (A) vão orientar-se pelo sentimento. O clima emocional do ambiente afetará sensivelmente este padrão. Os visionários (V) são movidos por ideias, conceitos e o pensamento reflexivo. Buscam oportunidades de gerar mudança e inovação.

Os racionais (R) possuem alto senso de realidade, terão mais facilidade para tomar decisões em cima de dados e fatos, os visionários mostrarão um senso elevado de oportunidade, por isso serão bons estrategistas, e os pragmáticos trarão urgência para o seu meio e buscarão incessantemente realizar metas e atingir resultados, a preocupação dos afetivos será o bem estar das pessoas e sua melhor integração.

Uma diferença, também importante, é como cada padrão lida com sua atenção, os visionários, pelo seu interesse múltiplo poderão ter mais dificuldade de se concentrar, muitas vezes seu computador terá várias janelas abertas e passará de uma tarefa para outra sem conclusão. Pesquisadores americanos descobriram, conforme divulgação da revista científica Current Biology publicada no site da BBC[16], que pessoas com Q. I. (quoeficiente de inteligência), mais alto, perfil tipicamente composto por racionais, têm maior capacidade de bloquear distrações laterais e de se concentrar no que está à sua frente. Os pragmáticos terão mais foco de atenção voltado para o que precisa ser feito, os afetivos dirigirão sua atenção para as pessoas, suas conversas e estados emocionais contribuindo também para a distração.

Whitelaw et al (2008) diz que o pragmático atravessa barreiras com velocidade, objetividade. O racional faz o que é certo, colocando cada pensamento e ação em seu lugar, com disciplina e ação. O afetivo envolve-se alegremente com a vida e as pessoas. O visionário segue o fluxo, deixa-se levar pela corrente e busca novas possibilidades.

Hicks et al (2014) afirma que cada elemento constitucional tem sua própria qualidade particular de energia (*qi*): " Assim que os Cincos Elementos (água, terra, fogo, madeira e metal) são formados, cada um tem sua natureza específica" (Chou Tun-I)

Jung (1971) diz que o racional deveria facultar-nos o conhecimento e o julgamento, o afetivo deveria nos dizer como e em que grau algo é importante ou não para nós, o pragmático deveria proporcionar-nos a percepção da realidade concreta por meio da visão, da audição, do tato, etc. e o visionário deveria fazer com que adivinhássemos as possibilidades e o plano de fundo mais ou menos escondidos de uma situação, pois também eles fazem parte do complexo quadro de um dado momento".

Adizes (2004) explicita de forma muito clara o que ele chama de incompatibilidade entre as quatro funções:

---

[16] http://www.bbc.co.uk/portuguese/noticias/2013/05/130524_inteligencia_distracao_fl

Pragmáticos e Racionai: Enquanto P quer resultados sem se preocupar com o processo, R segue os processos sem se preocupar com os resultados.

Pragmáticos e Visionários: P quer resultados agora, não se preocupa com o futuro, enquanto V quer resultados no futuro, mas não se preocupa com o presente.

Pragmáticos e Afetivos: P atua sozinho e rápido e A atua com o grupo e mais lento.

Racionais e Visionário: R quer controlar e V quer liberdade.

Racionais e Afetivos: R privilegia as regras sobre as pessoas e A privilegia as pessoas sobre as regras.

Visionário e Afetivos: V está preocupado com a visão e A está preocupado com as pessoas.

Outra característica que diferenciam os quatro padrões é a forma como se relacionam com o tempo. O visionário dirige sua atenção para o futuro procurando perceber oportunidades e tendências que este futuro poderá apresentar. O padrão afetivo trará constantemente o passado em suas conversas. Se você quiser ouvir estórias procure um afetivo, visto que as relações afetivas são fundamentais para este padrão e ele buscará estas lembranças para se comunicar. O pragmático está ocupado com o presente e o que precisa ser feito no aqui e agora. O racional, diferente de todos os outros, tem uma relação com os três tempos, mas esta relação é linear, como um profissional de finanças fazendo um orçamento, verá quanto foi gasto no passado, o que se tem previsto neste momento e projetará os gastos possíveis no futuro.

6.8   As diferenças nas aptidões em lidar com a pressão

Outra diferença marcante entre os padrões e estilos é a forma como cada um deles lidam com a pressão no seu cotidiano. Os pragmáticos são o único padrão com aptidão para lidar adequadamente com um ambiente sob pressão. Por serem perfis com uma psique sob pressão identificam-se e preferem um ambiente com pressão e muitas vezes vão colocar pressão em situações onde ela não é necessária. Na teoria dos fatores constitucionais, seu elemento é fogo, este elemento está associado a função do coração. Muitos pragmáticos me dizem que quando estão com pouco trabalho deixam acumular para agir ou deixam para ultima hora por se sentirem mais produtivos. Os demais terão muitas dificuldades em um ambiente que a pressão seja uma constante e ao se exporem por muito tempo sofrimento psíquico e doenças serão inevitáveis. O visionário não conseguirá pensar algo novo, perceber oportunidade se estiver sob pressão, suas ideias precisam fluir naturalmente. Os racionais desorganizarão sua rotina e sua forma de trabalhar e os afetivos sentirão a pressão prejudicar as pessoas em geral. A combinação produzirá três situações com diferentes níveis de aptidão para a pressão.

Quadro 9: Habilidade de cada Estilo em lidar com a Pressão

Pragmático como padrão principal o estilo terá alta habilidade resolvendo os problemas de forma mais imediata e natural.	Pragmático/Racional Pragmático/Visionário Pragmático/Afetivo
Com o pragmático com apoio e estilo terá média habilidade podendo deixar acumular a pressão e gerar conflito com a situação. O pragmático entrará em ação quando a pressão aumentar o que poderá ser arriscado.	Racional/Pragmático Visionário/Pragmático Afetivo/Pragmático Visionário/Afetivo/Pragmátic o
Sem o pragmático terá baixa habilidade podendo paralisar-se e tornarem-se improdutivos	Visionário/Afetivo Racional/Visionário Afetivo/Racional

Elaborado pelo autor

6.9   As aptidões e o impacto na comunicação

Com o vimos ao longo desse capítulo nossas aptidões e estilo estruturam nossa psique, atribuindo ao seu funcionamento padrões e características específicas, por isso, não é difícil concluir que este direcionamento de percepção criará em um individuo uma linguagem própria capaz de influenciar no sentido atribuído e na priorização de objetos no campo da atenção. Em seminários que realizo sobre estilos de comunicação utilizo palestras e cenas de filme como exercício para diagnosticar o estilo. O entendimento do processo de comunicação vem evoluindo, antes o foco era mais nos canais, receptores e emissores, agora busca-se examinar mais o sentido, tanto do ponto de vista do emissor quanto do receptor e, sentido tem mais ligação com a linguagem e com o estilo.

Jung (1971) afirma que na ótica de seu limitado saber, a observação mais pertinente sobre o assunto deve-se a William James que parte da ideia fundamental: "Qualquer que seja o temperamento de um filósofo profissional, ele tenta, ao filosofar, pensar o fato a partir de seu temperamento".

Jacobi (2013) ao comentar as obras completas de Jung afirma que é muito comum a contraposição tipológica ser a verdadeira razão psicológica de problemas de casais, dificuldades entre pais e filhos, atritos entre relações de amizades ou profissionais, e até diferenças sociais e políticas. Quando comecei a utilizar esta metodologia passei a compreender o estilo psicológico das minhas filhas e, consequentemente, as diferenças para com o meu estilo, esta compreensão ajudou muito em melhorar a comunicação com elas. Os casais, já afirmava Jung, são formados por padrões diferentes o que pode provocar conflitos, por outro lado buscamos fazer amizades em perfil mais parecidos com o nosso.

Relato de aluno sobre um dos aprendizados na disciplina de gestão da carreira: Conhecer o próximo: conhecendo o meu estilo psicológico foi possível perceber/conhecer o perfil psicológico dos meus colegas de trabalho e assim compreender as suas qualidades e limitações, possibilitando que eu reveja algumas atitudes para direcionar o trabalho de uma melhor forma, obtendo mais resultados e, consequentemente, harmonia no ambiente de trabalho. Relato de um amigo consultor com experiência em lidar com o tema: Eu tenho um filho adolescente e conhecer os estilos faz com que eu me aproximasse do universo dele com maior assertividade, pois sabendo que ele é um reflexivo/pragmático eu posso propor interações, dinâmicas, atividades, etc. mais afeitos ao gosto dele. Posso ainda, com o auxilio dos estilos, explicar com maior facilidade para ele as motivações por trás das minhas ações e reações durante a criação dele. Apesar de ainda ser muito recente na minha carreira e de eu estar em pleno desenvolvimento desse tema (estilos), sinto que o mesmo está me auxiliando a encontrar respostas para o modo com que as pessoas agem e como eu respondo a essas ações, o que esta sendo fundamental para lidar com as pessoas nessa nova fase da minha carreira, pois passei de analista de Métodos e Processos para Supervisor de cinco setores, que englobam cinquenta e seis funcionários.

Há uma tendência até certa forma natural na condição humana, de consideramos o nosso padrão como o certo e melhor. A diferença, muitas vezes nos incomoda, e os aspectos negativos podem ser supervalorizados desconsiderando que todos os perfis têm seus próprios aspectos negativos. Todos os padrões e estilos possuem aspectos positivos e negativos. Um perfil racional possui característica positivas tais como precisão, lógica, análise, percepção de detalhes, etc., mas isto também leva a determinados risco como lentidão, maior exigência, cautela, etc. que em muitas circunstâncias poderão ser criticados por isso.

Adizes (1986) comenta diversas vezes em suas obras que o conflito apesar de inevitável, tendo em vista as diferenças dos estilos, ele somente é funcional em um ambiente de aprendizado e onde há respeito mútuo. Ele afirma que em uma análise histórica de qualquer organização bem sucedida demonstrará que o sucesso foi devido a uma equipe de pessoas cujos estilos, comportamentos e necessidades eram diferentes, mas que podiam trabalhar juntas. Mas muitas vezes alguns gestores tendem a contratar pessoas iguais e eles, se a atividade requer tal perfil a decisão estará correta, caso contrário talvez fosse melhor considerar que um perfil diferente poderia ser mais útil por acrescentar novas aptidões e complementar a atuação do gestor ou da equipe.

Mas para que a comunicação aconteça de forma produtiva o primeiro passo é conhecer o seu próprio estilo e o da sua equipe ou familiares, a ignorância do tema e suas diferenças entre estilos é o grande motivo de muitos conflitos e com o tempo e a prática você poderá adotar estratégias especificas de abordagem como o quadro abaixo relata.

Quadro 10: O que enfatizar na comunicação com cada padrão

Pragmático	Visionário	Racional	Afetivo
• Vá direto ao assunto, seja claro e objetivo • Apresente fatos e números e um resumo executivo; • Enfatize os resultados; • Não se abale diante de críticas; • Quando terminar vá embora.	• Desperte sua atenção (inovação, futurismo); • Comece com uma visão geral e enfatize o futuro; • Seja menos específico, deixe coisas abertas; • Use desenhos e modelos; • Dê tempo para pensar.	• Verifique a sua disponibilidade; • Fale por etapas e abra espaço para perguntas; • Seja firme, constante e enfatize detalhes • Esteja preparado para questionamentos; • Dê tempo para pensar.	• Envolva-se primeiro antes de entrar no assunto; • Esteja preparado para contar ou ouvir histórias; • Sempre valorize as pessoas dentro do tema; • Use humor, emoções e mostre alegria;

Fonte: elaborado pelo autor

6.10   Aptidões extrovertidas, introvertidas e ambivertidas

Outro aspecto importante no processo de comunicação é como cada padrão de aptidões e estilo se relacionam com as demais pessoas. O extrovertido em geral tem uma relação direta com o objeto de percepção, sua tendência é responder de forma mais imediata tornando-se muitas vezes "escravo" do mundo externo. Por outro lado os introvertidos se relacionam de forma subjetiva procurando perceber o significado do objeto e o que irão acrescentar nele, por isso são mais lentos nas suas respostas. Os padrões pragmáticos e afetivos são mais extrovertidos enquanto que os racionais e visionários serão mais introvertidos. Quando tivermos um estilo que combine extroversão e introversão ele é denominado de ambivertido por alterarem extroversão e introversão. O risco dos extrovertidos, principalmente os afetivos, é uma relação exagerada com o seu objeto gerando o que chamamos de impulsividade enquanto que os introvertidos terão o risco da timidez como dificuldade de se expor diante dos seus objetos de apreensão.

Abaixo apresento a compreensão do autor sobre a relação do estilo com extroversão e introversão e a inclusão de duas outras variáveis na análise do tema que são os riscos de impulsividade e timidez, posicionados nos extremos da extroversão e introversão:

- Extrovertidos com maior risco de impulsividade: Afetivo/Pragmático, Pragmático/Afetivo, Afetivo/Visionário, Afetivo/Racional.
- Extrovertidos com menos risco de impulsividade: Pragmático/Racional
- Ambivertidos: Visionário/Pragmático, Racional/Pragmático, Racional/Afetivo, Visionário/Afetivo.
- Introvertidos com risco de timidez: Visionário/Racional e Racional/Visionário

6.11   O resgate da introversão

Existe na sociedade uma maior valorização do perfil extrovertido, Cain (2012) lançou o livro o Poder dos quietos visando levantar este debate sobre a inserção social dos extrovertidos e introvertidos:

> "Dizem que para sermos bem-sucedidos temos que ser ousados, que para sermos felizes temos que ser sociáveis. Vemo-nos como uma nação de extrovertidos — o que significa que perdemos de vista quem realmente somos. Dependendo de que estudo você consultar, de um terço a metade dos norte-americanos é introvertido — em outras palavras, *uma em cada duas ou três pessoas que você conhece.*" ...."Introversão — com suas companheiras sensibilidade, seriedade e timidez — é, hoje, um traço de personalidade de segunda classe, classificada em algum lugar entre uma decepção e uma patologia. Introvertidos vivendo sob o Ideal da Extroversão são como mulheres vivendo em um

75

mundo de homens, desprezadas por um traço que define o que são. A extroversão é um estilo de personalidade atraente ao extremo, mas a transformamos em um padrão opressivo que a maioria de nós acha que deve seguir. O Ideal da Extroversão tem sido bem-documentado em vários estudos, apesar de essa pesquisa nunca ter sido agrupada sob um único nome. Pessoas loquazes, por exemplo, são avaliadas como mais espertas, mais bonitas, mais interessantes e mais desejáveis como amigas".

Pesquisas salariais também apontam para melhor rendimento no grupo dos extrovertidos, além de serem mais cotados para funções gerenciais. Cain (2012) trata de apoiar o resgate dos introvertidos: "Mas cometemos um erro grave ao abraçar o Ideal da extroversão tão inconsequentemente". Para Cain algumas das nossas maiores ideias, a arte, as invenções — desde a teoria da evolução até os girassóis de Van Gogh e os computadores pessoais — vieram de pessoas quietas e cerebrais que sabiam como se comunicar com seu mundo interior e os tesouros que lá seriam encontrados. Segundo ela sem introvertidos, o mundo não teria a teoria da gravidade, da relatividade, o Google, etc.

Como escreveu o jornalista científico Winifred Gallagher: "A glória da disposição que faz com que se pare para considerar estímulos em vez de render-se a eles é sua longa associação com conquistas intelectuais e artísticas. Nem o $E=mc^2$ de Einstein nem *Paraíso perdido,* de John Milton, foram produzidos por festeiros".

Novamente retornamos a dificuldade em lidar com as diferenças. Estas diferenças também são encontradas no funcionamento do cérebro. Segundo um estudo de 2012 por Randy Buckner[17], psicólogo de Harvard, descobriu que pessoas identificadas como introvertidos tendem a ter maior conteúdo de massa cinzenta em certas áreas do córtex pré-frontal, uma região altamente complexa do cérebro associada com o pensamento abstrato e a tomada de decisão. As pessoas identificadas como fortemente extrovertida, por outro lado, tendem a ter massa cinzenta mais fina nessas mesmas áreas pré-frontais, indícios de que os introvertidos tendem a dedicar mais recursos neurais para pensamento abstrato, enquanto os extrovertidos tendem a viver o momento.

O psicólogo alemão Hans Eysenck (1998) desenvolveu um modelo tipológico mais baseado na biologia para explicar as origens e as implicações da extroversão e introversão. Na teoria de Eysenck, os comportamentos introvertidos e extrovertidos se dão devido às diferenças de excitação cortical (a velocidade e a quantidade de atividade do cérebro). Comparados com os extrovertidos, os introvertidos têm naturalmente um nível mais elevado de excitação cortical, o que faz com que eles consigam processar mais informações por segundo. Este é o motivo para se sentirem sobrecarregados e preferirem, muitas vezes, ambientes com menos estímulos. Os extrovertidos, por outro lado, são apenas minimamente excitados nesses casos. Por isso, procuram ambientes altamente estimulantes para aumentar seus níveis de excitação. Pesquisas também mostraram que os introvertidos têm mais atividade neuronal do que os extrovertidos em regiões do cérebro associadas ao aprendizado, ao controle motor e ao controle de vigilância, e que seus córtex pré-motores processam estímulos externos de forma mais rápida.

Abaixo relatos diversos extraído de workshops sobre estilos tratando das percepções sobre os desafios em lidar com a introversão:

"Realmente, a sociedade é centrada nos extrovertidos, sempre sofri muito por ser introvertida, tanto na escola, faculdade, trabalho e qualquer outra atividade no meio social. As pessoas não compreendem que coisas que elas consideram simples pode ser motivo de terror e constrangimento para uma pessoa introvertida, já passei por situações de agonia mesmo, taquicardia, mãos trêmulas, tudo isso por ser mal compreendida e algumas vezes obrigada a fazer coisas que me deixavam desconfortável".

"Por muitos comentários que surgem, precisamos ressaltar que introversão não é o mesmo que timidez. Timidez é um tipo de medo, ansiedade, fobia. Do mesmo modo, introversão não significa dificuldade de expressão. Diga-se de passagem, muitos dos grandes discursos se devem a pessoas muito introvertidas. Problemas de comunicação são outros fatores". Introversão está mais para Intro+versão (versão, perspectiva, olhar, observação) "olhamos mais para o nosso mundo, desenvolvendo mais nossos pensamentos, como observar, entender o mundo, nos importamos com isso, com nossos pensamentos, ideias, formas de lidar com o mundo etc. Na visão de um introvertido pouco atrai festas, multidões, muitas pessoas, 'sociais' etc., não por receio, medo das pessoas... "se eu quiser falo, conheço e converso com muitos, como já o fiz. Normalmente nessas ocasiões, o papo é vão, fútil, sem importância, palavras ao ar... no qual é apenas uma interação sem muita finalidade sobre ideias, pensamentos que nós introvertidos nos importamos mais. Já para muitos extrovertidos que conheço, é o inverso, para eles, pensar, ideias, pensamentos, e essas coisas é entediante, e sua grande ansiedade que os satisfazem é conhecer novas pessoas, ser centro das atenções, falar muito. O introvertido que se torna tímido ou desligado das pessoas, se encontra em terreno perigoso, no sentido de significado e valor humano; por mais que possa ser produtivo em arte, ciência, literaturas, filosofia, razão. Por outro lado, os extrovertidos que o são por ansiedade, por medo de solidão, por carência de popularidade... também está em terreno perigoso; podendo criar uma 'mania social', qual conheço alguns, que conhecem muita gente mas tem quase nenhum amigo se o tem, ou nunca estabiliza uma relação, ou emprego... anda pra cá e pra lá e nunca constrói ou chega em lugar algum... e passam décadas e ainda é infantil quando se trata ao mundo das ideias e da razão.".

A compreensão é o primeiro passo para vencer preconceitos e visões limitadoras da natureza humana. É fundamental perceber o espaço natural que cada particularidade humana pode exercer. A necessidade crescente de criatividade e inovação vem abrindo espaço para perfis mais introvertidos. Os criadores do Google são bons exemplos deste espaço, autores de artigos científicos, foi a alta especialização, típico de introvertidos, que permitiu aos dois a criação do sistema de busca google. Conduzidas por introvertidos, o Google se tornou uma das maiores empresas da era do conhecimento.

6.12   Mudança de aptidões: O que devemos aceitar e o que devemos mudar

Esta abordagem tem sido muitas vezes controversa quando levantada em sala de aula, algumas pessoas reagem questionando a afirmação que não é possível mudar nossos padrões. É compreensível que abordagens mais absolutas quando relacionadas ao ser humano não sejam bem recebidas. É preciso entender o que significa a imutabilidade de um estilo. Não é possível transformar um ponto fraco em forte, adquirir aptidões que não possuímos, se fosse possível este tema não teria importância, pois poderíamos mudar de estilo ou adicionar novas aptidões em nossa atuação em nosso cotidiano.

Pasquali (2003) afirma que apesar de algumas divergências, pesquisadores chegaram a conclusão que as manifestações do temperamento são mais estáveis durante a vida de um indivíduo do que qualquer outro aspecto da personalidade. Silva (1992) comenta que Keirsey e Bates (1984) assumem uma posição até certo ponto determinista, uma vez que o temperamento representa um poderoso agente em relação à forma individual, que, em última essência, não pode ser mudado.

.   Jung (1971) afirma que: "A mudança da atitude consciente não é nenhuma bagatela, pois a essência de uma atitude habitual é sempre um ideal mais ou menos consciente, santificado pelo costume e tradição histórica, fundado na rocha do temperamento inato. A atitude consciente é sempre, no mínimo, uma espécie de cosmovisão, quando não uma religião propriamente dita. Esta realidade é que faz tão importante o problema dos tipos".

Pesquisas sobre a estrutura do estilo realizadas por Quinn, Faerman e Dixit (1987) descobriram que gerentes ineficientes tendiam a ter perfis muito desequilibrados. Esses indivíduos estavam muito acima da média nos padrões afetivo/visionário e muito abaixo nos padrões pragmático e racional. Eles eram vistos pelos seus liderados como impulsivos e caóticos, espalhando desordem por toda a parte. Os de perfil oposto (pragmático e racional) eram vistos como tendo visão estreita e sendo ásperos com outras pessoas. Segundo os pesquisadores todos os perfis considerados ineficientes estavam muito desiquilibrados.

O foco da mudança é a busca de um equilíbrio visando manifestar e utilizar o estilo predominante de forma natural, isto implica necessariamente em compreender e aceitar as limitações comuns em qualquer combinação e também buscar um lugar em que nossas qualidades sejam empregadas. Nossa educação e história de vida poderá nos levar a um desequilíbrio do sistema tipológico, como foi demonstrado no processo de estagnação e deficiência do padrão. O investimento em mudança deve ser colocado no resgate da expressão natural do nosso estilo, não na tentativa de transformar um padrão fraco em forte.

O caso da mensagem abaixo relata bem esta questão da importância da autocompreensão que conduz a aceitação dos pontos fracos e o foco nos pontos portes mudando nossa perspectiva de nós mesmo.

"Uma amiga querida me indicou o trabalho de coaching para redirecionamento de carreira do Prof. Elton, até então eu não fazia nem ideia da funcionalidade desse processo. Eu cheguei muito angustiada, perdida, desmotivada e com baixa autoestima, estava há dois anos fora do mercado de trabalho por razões pessoais, mas não queria voltar a trabalhar com o que eu sabia, tampouco sabia com o que deveria voltar a laborar. Foi um processo incrível de autodescoberta, foi rápido e objetivo, foram seis sessões com muitos exercícios para reflexão em casa. Nesse processo objetivo de autoconhecimento aprendi a desenvolver as minhas qualidades e me fazer reconhecer por elas minimizando as fraquezas, no mundo corporativo que vivo normalmente as pessoas são valorizadas por determinadas qualidades em detrimento de outras, parte do meu sofrimento era querer ter características e valores externos, considerados importantes por outros, mas na realidade estranhos para mim. No processo de coaching descobri que não podemos nos transformar em outra pessoa, podemos desenvolver competências, mas nunca completamente estranhas ao que somos, querer isso causa muito sofrimento desnecessário. É possível sermos naturalmente tão bom dentro da nossa competência, desenvolvendo e assumindo nosso perfil através do processo de autoconhecimento que se torna sem sentido querer ser ou assumir outras competências internas estranhas a nós, porque aprendemos a nos ver e amar quem somos. Hoje tenho objetivos específicos, clareza de foco e estratégia - pois sei das minhas qualidades e fraquezas e quem agregar para minimizá-las – tenho um projeto em andamento e um direcionamento específico de carreira. Esse trabalho resgata a dignidade da pessoa humana, que nas palavras de Sarlet *é a qualidade intrínseca e distintiva de cada ser humano que o faz merecedor do mesmo respeito e consideração por parte do Estado e da comunidade, implicando, neste sentido, um complexo de direitos e deveres fundamentais (...), além de propiciar e promover sua participação ativa e corresponsável nos destinos da própria existência e da vida em comunhão com os demais seres humanos.*[18]"

6.13   A importância de todas as Aptidões: Cada tarefa com suas aptidões e estilo

Todas as pessoas podem operar em qualquer um dos quatro padrões, pois todos estes padrões estão dentro de nós. O acesso será natural ou consciente dependendo da intensidade de cada um deles. Todos os padrões e estilos são importantes para nossa vida e trabalho.

A diferença está situada no tipo de tarefa ou desafio, pois para qualquer trabalho haverá um estilo mais eficaz. Cabe a um gestor perceber o estilo do seu colaborador para envolvê-lo em tarefas mais alinhadas com ele, isto trará um resultado melhor e um nível de satisfação maior. Assim como nas relações familiares o entendimento do perfil poderá trazer muitos benefícios para uma relação mais harmoniosa e benéfica para o adequado desenvolvimento principalmente da educação dos filhos.

Um gerente de produção de uma empresa cliente me relatou que um operador de produção de perfil racional/visionário responsável pela programação e operação de três máquinas pediu demissão. No seu lugar assumiu outro operador que já auxiliava o mesmo trabalho de perfil pragmático/racional. A produção do setor entrou em crise com perda de matéria prima, redução da produtividade e atraso em pedidos. Depois de muitas criticas ao novo operador resolveram chamar de volta o antigo operador e recontratá-lo. Como a principal razão para seu pedido de demissão era falta de reconhecimento ele decidiu aceitar o convite com uma oferta de um salário melhor. Ajudei o gerente de produção a entender o ocorrido. A conclusão é que devido à complexidade do planejamento da

---

[18] - SARLET, Ingo Wolfgang. Dignidade da Pessoa Humana e Direitos Fundamentais na Constituição Federal de 1988. Porto Alegre: Livraria do Advogado, 2007. p. 62. Citado pela cliente de coaching em seu relato.

produção das três máquinas, pois era necessário combinar aproveitamento de matéria prima, tempo de máquina e ordem dos pedidos, era necessário um estilo racional/visionário que possui um perfil com capacidade de planejar as diversas variáveis. Não era um trabalho para um pragmático/racional que é mais indicado para operações simples que demandam agilidade e não complexidade.

O desequilíbrio do estilo, principalmente pelo excesso, é um fator que prejudica nossa percepção adequada da importância que um perfil diferente possui. Certa vez estava descrevendo as dificuldades e riscos do perfil visionário/afetivo quando um aluno definiu o perfil como o de um "banana". Pelas reações dos colegas e comentários do aluno durante a aula foi fácil perceber o quão desequilibrado era o seu perfil. Pensar que todos têm aspectos positivos e negativos ajuda a aceitar e valorizar a diferença bem como desenvolver uma visão equilibrada das pessoas entendendo como algo natural e inevitável. Esta percepção é uma atitude de maturidade que evita a concepção que o nosso perfil é superior, ou melhor.

Com o exposto até aqui acredito que o leitor pode compreender a importância das aptidões como função e características psíquicas para a nossa saúde, satisfação e fonte para potenciais talentos. O desafio no fator psíquico aptidão é que ele se posiciona como um domínio em alguma área e por isso possui um campo amplo de aplicações. Por exemplo, aptidões racionais, possuem um domínio para a lógica, a precisão, regras e padrões. Você pode utilizar estas aptidões em muitas atividades e áreas do conhecimento: Contabilidade, financeira, administrativas, engenharias, pesquisa.

É neste momento que o estimulo e a oportunidade entram "em jogo". Vivenciar algo em algum domínio das aptidões é o que deixará sementes. Estas sementes, resultado de experiências positivas, poderão ser regadas e germinar como um interesse em algum campo de domínio das aptidões. É por isso que muitos negócios começam como um hobby ou uma brincadeira que vira "coisa séria".

7. OS FATORES INTRÍNSECOS: INTERESSE, MOTIVAÇÃO E PAIXÃO.

7.1 A semente, a terra e a água

O papel dos estímulos e experiências vividas na infância e adolescência é o de deixar memórias e condições emocionais positivas para que sejam resgatadas mais adiante. Estes registros emocionais positivos poderão criar condições para despertar interesses. O crescimento deste interesse produzirá motivação suficiente para criar ou aproveitar oportunidades. Miguel Falabella começou a fazer teatro na adolescência, primeiro no colégio onde estudava e depois no tradicional Teatro Tablado, ele mesmo reconheceu em entrevista a importância da atitude de sua avó de leva-lo ao teatro Municipal na infância. Se você mora em uma "fabrica de talentos" como o Vale do Silício ou mesmo em Cremona você terá muitos estímulos específicos ao longo da vida Tiger Woods contou com técnico especial desde os sete meses de idade, seu pai. Conduzido com algum equilibro esta relação poderia fortalecer o vinculo com seu pai favorecendo a autoimagem e a motivação.

Christiane Pelajo, jornalista da rede globo, apresenta no início da sua matéria os bailarinos Ana Botafogo e Tiago Soares, ambos primeiros bailarinos no Municipal do Rio e Royal Balet de Londres, respectivamente, apresenta também os guitarristas Steve Morse, Joe Satriani e John Petrucci, três gênios da guitarra. Ao final ela pergunta: Além de serrem excepcionais no que fazem, o que mais eles têm em comum? Motivação, foco, atenção e muitos anos de prática. Na sequência da matéria, Suzana Herculano-Houzel, neurocientista brasileira afirma "que a principio qualquer pessoa pode se tornar excelente ou extraordinária no que ela faz desde que ela tenha um interesse extraordinário pelo que ela faz e a oportunidade de praticar de uma forma extraordinária, é suor mesmo".[19]

Estímulos recebidos mesmo que na primeira infância, podem criar uma predisposição maior para acumular ao longo da vida mais informações e experiências.

Esta marca positiva pode gerar uma predisposição na direção e interesse da percepção. Este interesse mesmo que incipiente poderá ajudar a perceber oportunidades de exercer algum tipo de prática. Desta pratica pode surgir a paixão. Sua percepção, interesse e pratica vão se qualificando e retroalimentando-se. Os resultados positivos e o aprendizado rápido que as aptidões propiciam vão fortalecendo sua motivação e a transformando em paixão. Duckworth (2016) relata que o astronauta da NASA Mike Hopkins disse em sua pesquisa que o gatilho para o seu interesse em viagens espaciais foi assistir a lançamentos de ônibus espacial pela televisão quando estava no ensino médio. Mas ele não foi seduzido por um único lançamento, e sim por vários deles, ao longo de anos. Em pouco tempo, ele começou a buscar mais informações sobre a NASA, e "uma informação levou a outra".

7.2   Estímulo, aptidão e oportunidade de praticar: os elementos de ignição

O estimulo não será fértil se não for plantado na terra apropriada das aptidões. O papel da aptidão é permitir germinar e fortalecer o tronco da motivação. A motivação e a paixão nos levam para prática. Feita com a determinação de longo tempo farão a árvore florescer e gerar os frutos: os talentos.

O segredo para alto desempenho que a consultoria Deloitte ensina aos seus colabores: "Forças são (conjunto de aptidões) muitas vezes definidas como aquilo que uma pessoa é boa. Esta é apenas uma parte da verdade. Forças são também o que energiza você: É um trabalho em que seu resultado incendeia você. Conhecer seus pontos fortes traz uma consciência de onde aplicar seus talentos. De acordo com Jason Flegel da Deloitte, isso cria uma energia tão forte que você pula da cama a cada manhã, sentindo-se ansioso para enfrentar o dia Os pontos fortes são como super poderes tendo em vista que energinam suas competências. "[20]

Ganhar habilidade exige treinamento profundo. Segundo Coyle (2014) o treinamento profundo não é nada fácil: requer energia, paixão e compromisso. Coyle afirma que motivação é o segundo elemento do código

---

[19] Cérebro – Máquina de aprender foi uma série de cinco reportagens apresentadas pelo Jornal da Noite da rede Globo em junho de 2013 – A citação aqui se refere ao programa 2 – disponível no youtube.
[20] http://www.inc.com/shawn-murphy/the-secret-to-high-performance-that-deloitte-teaches-its-employees.html - traduzido pelo autor

do talento, o primeiro é o treinamento profundo. Ele chama de ignição, a energia liberada que forma a motivação. A ignição fornece a energia, e o treinamento profundo traduz essa energia, ao longo do tempo, em progresso gradual.

Quando nossas aptidões entram em campo os resultados positivos e o aprendizado rápido incendiarão você de paixão. Nossa mente e percepção serão tomadas pelo objeto da nossa paixão, como disse Pelajo em sua matéria: motivação, foco e atenção e muita pratica.

Mas qualquer motivação nos fará desenvolver grande dedicação? Um cliente relatou como foi difícil para ele o final da adolescência. Seu pai um ex-jogador de basquete na época da faculdade, o matriculou em uma escola para jogadores de basquete, levou muito tempo até que ele convencesse seu pai que ele não gostava de esportes, seu desejo estava mais voltado para o grupo de ciência da sua escola. Seu inventário e suas experiências mostravam aptidões de um racional/visionário, perfil de pesquisador, e não de um pragmático, em geral mais identificado com competição e força física. Questiona Colvin (2009) a respeito se a motivação para se alcançar o desempenho notável seria intrínseca ou extrínseca? A maioria das pessoas acredita que o incentivo deve ser essencialmente intrínseco, porque achamos que nada nos faria suportar a dor e o sacrifício da pratica deliberada durante décadas. Grande parte das pesquisas, segundo Colvin, apontam para os motivadores intrínsecos. Pesquisas associadas a criatividade demonstram que a motivação intrínseca é o motor que está por traz dos maiores desempenhos, a descoberta consistente relatada por diversos pesquisadores, afirma Colvin, que examinaram diversos domínios é que a realização criativa e a motivação intrínseca andam juntas.

Colvin (2009) cita o trabalho do psicólogo Mihaly Csikszentmihalyi, da Universidade de Chicago, seu estudo sugere um mecanismo especifico que poderia unir motivação intrínseca às exigências da pratica deliberada. Se famoso trabalho sobre fluxo descreve um estado no qual a pessoa está tão totalmente envolvida em uma tarefa que o tempo passa mais devagar, a curtição aumenta e a tarefa parece que não requer esforço. Essa onda é alcançada quando o desafio se equipara a habilidade da pessoa. Robinson (2008) afirma que Mihaly passou décadas pesquisando "os aspectos positivos da experiência humana" alegria, a criatividade, o processo total de envolvimento com a vida, o que deu o nome de fluxo. Como fluxo Mihaly escreve: "A característica-chave da experiência ótima é um fim em si mesmo. Mesmo que tenha sido iniciada por outros motivos, a atividade que nos consome se torna intrinsecamente gratificante."

Goleman (2013) apresenta a pesquisa realizada pelo neurocientista Richard Boyatzis e seus colegas com o exame e observação do cérebro em entrevistas com foco em pontos fortes e fracos. Os cérebros daqueles que passaram pela bateria de perguntas em seus pontos fortes houve mais atividade nos circuitos de recompensas do cérebro e nas áreas de bons sentimentos e lembranças felizes. Pense nisso como o fortalecimento de um caminho neural similar a uma cadeia de musculo no corpo de um atleta. A conclusão dos pesquisadores é que o foco em pontos fortes nos incentiva a seguir em frente a um futuro desejado e estimula a abertura a novas ideias, pessoas e planos. Dirigir a atenção às nossas fraquezas provoca um senso defensivo de obrigação e culpa, nos fechando para o mundo.

A gratificação em usar as aptidões e sentir-se "bom em algo" é a força que nos impulsiona e nos incentiva a ir em frente.

Duckworth (2016) afirma, em sua pesquisa sobre pessoas determinadas, que a maioria disse ter levado anos explorando interesses diversos, e aquele que acabou ocupando todos os seus pensamentos, na vigília e às vezes durante o sono, não foi reconhecido como o destino da sua vida à primeira vista. Quando se pensa em paixão, continua Duckworth, a maior parte das pessoas imagina uma descoberta repentina e definitiva, mas na realidade o primeiro encontro com aquilo que pode vir a ser uma paixão para a vida inteira é apenas uma cena de abertura de uma narrativa muito mais longa e menos dramática, a ciência tem a dizer: a paixão pelo trabalho tem um pouco de descoberta seguida de muito desenvolvimento e de uma vida inteira de aprofundamento.

7.3   Barreiras para conectar com a motivação e a paixão

Segundo Robinson (2008) encontrar nosso elemento-chave, a conexão entre aptidão e paixão, pode ser difícil sob vários aspectos, mas ele situa estes aspectos em pessoal, social e cultural. Robinson afirma que em sua experiência a maioria das pessoas tem que vencer mais obstáculos internos de dúvida e medo do que empecilhos externos de circunstâncias e oportunidade. Esta percepção de Robinson pode ser justificada se durante a infância e adolescência a educação e o apoio recebido afetaram a autoestima e a autonomia o que remete ao aspecto social. Robinson afirma que o medo da desaprovação e de ser considerado insuficiente, frequentemente, está entranhado nos relacionamentos. Pais, mães, irmãos costumam ter fortes ideias do que deveríamos ou não fazer em nossa vida. Ele relata sua entrevista com Paulo Coelho em que ele conta que seus pais o internaram três vezes em clinicas psiquiátricas pois tinham certeza que seu filho teria uma carreira promissora como advogado, sua persistência o fez um escritor renomado. A cultura em que estamos inseridos poderá nos dizer o que é certo ou errado adquirindo seu papel normativo. A cultura ocidental, após o iluminismo, passou a valorizar a razão e o pensamento lógico fazendo com que as escolas melhor avaliassem crianças com estas aptidões. Em alguns países muçulmanos o estudo não está acessível às mulheres ou numa comunidade Amish você não terá acesso a televisão, rádio e muitas outras tecnologias.

Se os obstáculos internos são maiores que os externos, como afirma Robinson, é a atitude que fará mudar a situação.

8. O FATOR DEDICAÇÃO: PRATICA E TREINAMENTO

8.1   Não há talento sem prática

Ao conhecer alguém talentoso a maioria das vezes desconhecemos o esforço e o tempo investido na pratica e no treinamento que fizeram com que esta pessoa chegasse até ali. Este desconhecimento favorece a concepção do talento como dom ou algo inato, o que pode nos fazer impotente. Mas as pessoas estudiosas e dedicadas ao tema sabem que o talento requer pratica.

Na entrevista concedida a jornalista Christiane Pelajo, citada anteriormente, Suzana Herculano-Houzel, neurocientista brasileira afirma "que a principio qualquer pessoa pode se tornar excelente ou extraordinária no que ela faz desde que ela tenha um interesse extraordinário pelo que ela faz e a oportunidade de praticar de uma forma extraordinária, é suor mesmo". Similar à musculatura de um fisiculturista adquirida em muito treinamento, não existe talento sem muita prática, por isso a motivação precede e faz sustentar a pratica. Maxwell (2007) afirma que a pratica aguça o talento, segundo ele as pessoas de sucesso desenvolvem disciplina para isto, pois ninguém atinge seu potencial a menos que esteja disposta a praticar.

8.2   O mito das 10 mil horas e a importância do foco

A prática e o treinamento são tão essenciais para o desenvolvimento de um talento que um mito surgiu sobre o tempo necessário para se tornar excelente: As 10 mil horas de prática. O mito das 10 mil horas tem suas raízes num estudo de 40 anos atrás, do Nobel de economia Herbert Simon e do professor de psicologia William Chase. Eles notaram que os campeões de xadrez haviam passado entre 10 mil e 50 mil horas estudando o tabuleiro (e inúmeras posições de peças) antes de se tornar grandes mestres. Estudos posteriores ampliaram o escopo da descoberta para várias atividades complexas, como a criação de sinfonias ou o esporte de elite, e a equação das 10 mil horas foi firmada pelo psicólogo sueco Anders Ericsson. Mas na maioria das vezes os mitos surgem sem o controle dos "seus criadores", pois a ideia simplista de uma pratica longa não é sustentada pelos estudos de Ericsson. Ele denominou esta prática de deliberada, pois não é simplesmente pela repetição que nos tornaremos excelente em algo. A prática deliberada envolve um guia especialista, um treinamento planejado e uma atenção dirigida que inclui um sistema de *feedback* que permite reconhecer erros e corrigi-los. Desta forma não é só a quantidade de horas que importa, mas a qualidade desta dedicação.

Goleman (2013) diz que horas e horas de treino são necessários para um excelente desempenho, mas não são suficientes. O modo como especialistas de qualquer área usam a atenção durante o treino faz uma diferença fundamental. Nos estudos de Ericsson em que mostraram que o melhor dos violinistas havia ensaiado mais de 10 mil horas, ele descobriu que os especialistas praticavam totalmente concentrados em melhorar um aspecto particular do seu desempenho identificado por um mestre.

8.3   A neuroplasticidade da prática: Foco ascendente e descendente

Há uma tendência natural de o cérebro automatizar as atividades que são rotineiras, a questão é que uma prática que tem como objetivo a busca pela excelência não pode se transformar em uma rotina visto que exige atenção a habilidades especificas e *gaps* que precisam ser trabalhados. Goleman (2013) diz uma pratica inteligente sempre inclui um esquema de *feedback*, razão pela qual os dançarinos usam espelhos embora na maioria das vezes este *feedback* vem de alguém ou até de uma equipe com um olhar de especialista. Para Goleman aprender como melhorar qualquer habilidade exige foco descendente. Neuroplasticidade é a capacidade do cérebro de reajustar-se funcionalmente influenciado pelo ambiente e por padrões de atividades, ela implica em fortalecer velhos circuitos cerebrais e a construir novos para uma habilidade que estejamos treinando, este processo exige que prestemos atenção. Segundo Goleman quando treinamos como nosso foco em outro lugar, o cérebro não reprograma o circuito relevante para aquela rotina em especial, prestar atenção total parece aumentar a velocidade, fortalecer as sinapses e expandir ou criar redes neurais para o que estamos praticando. Quando você domina a execução de uma nova rotina ou atividade, a prática repetida transfere o controle desta habilidade do sistema descendente de foco intencional para os circuitos ascendentes tornando sua execução mais fácil. O resultado é que você não precisa mais pensar na execução pois tornou-se uma rotina. Goleman diz que é aí que os amadores se diferenciam dos especialistas, os amadores se contentam em permitir que seus esforços se tornem operações de baixo para cima ou rotinizadas. Em casos como dirigir ou esquiar isto pode levar em torno de 50 horas e não sentem mais a necessidade de uma pratica concentrada e se contentam em se sair bem com o que aprenderam. Um especialista, em contrapartida, continua prestando atenção de cima para baixo, contrariando intencionalmente o desejo do cérebro de automatizar rotinas se concentrando ativamente naqueles movimentos que desejam aperfeiçoar. O que Goleman nos mostra é a diferença entre alguém que quer aprender a dirigir para facilitar o seu dia a dia e aquela pessoa que quer se tornar um piloto de formula 1, a atitude será muito diferente. Lembro-me de uma entrevista em que comentava que Ayrton Sena ficava muito tempo, após uma corrida, conversando com os mecânicos passando informações sobre o desempenho do carro, isto deixava seu companheiro de equipe Alan Prost irritado.

8.4   A prática deliberada[21]

Os estudos de Anders Ericsson têm demonstrado que a partir de certo ponto de excelência não se consegue melhorar apenas executando continua e corretamente o trabalho. Para continuar a desenvolver as suas competências e desempenho, os profissionais precisam investir o seu esforço na denominada pratica deliberada. A prática deliberada consiste na realização de tarefas para além do nível atual de competência e conforto, a um nível que seja realista fazê-las com algumas horas de prática. Nesse processo, os profissionais vão gradualmente refinando o seu desempenho com a repetição e *feedback*. A investigação realizada nesta área demonstra que o desempenho excepcional é o produto de anos de prática deliberada, orientação e acompanhamento.

Colvin (2008) afirma que a pratica deliberada se caracteriza por vários elementos e atributos que merecem ser apresentados:

a)   É projetada especificamente para melhorar o desempenho

A palavra chave aqui é projetada. Embora os melhores métodos de desenvolvimento estejam em constante mudança, eles são sempre construídos em torno de um principio central: a intenção de ampliar a capacidade do individuo. Em função disso ela exige que se identifiquem claramente determinados elementos do desempenho que precisam ser melhorados e o trabalho intenso sobre eles. A escolha desses aspectos do

---

[21] A descrição dos principais tópicos é baseada no livro de Geoff Colvin – Desafiando o Talento Editora Globo

89

desempenho já é em si uma habilidade importante. Noel Tichy, professor da escola de economia da Universidade de Michigan ilustra este aspecto com o desenho dos três círculos.

Identificar a zona de aprendizagem não é algo simples, e obrigar-se a permanecer nela à medida que ela muda, o que é ainda mais difícil, são as primeiras e mais importantes características da pratica deliberada. Este desafio poderá ser bem melhor superado com a ajuda de um professor ou treinador.

Figura 3 - Aprendizagem

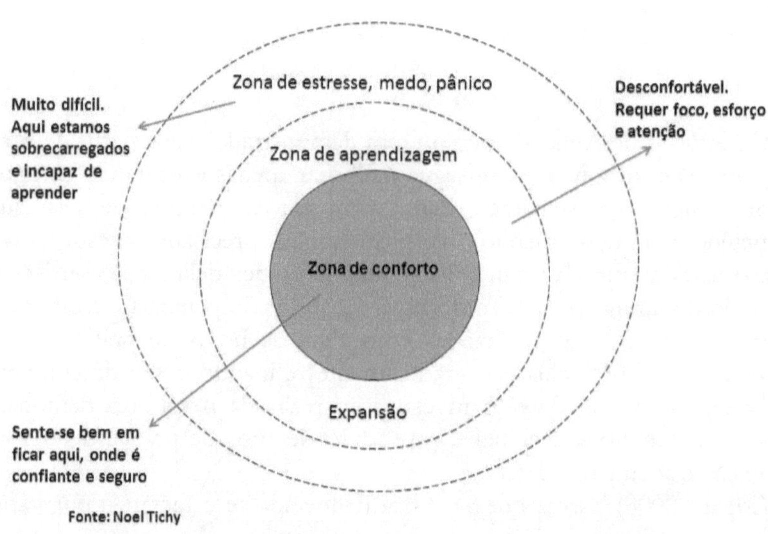

a) Pode ser muito repetida

Embora mais aplicável no esporte, na música e em atividades artísticas como dança, a repetição é a diferença mais importante entre a prática deliberada e a execução da tarefa de verdade, quando ela conta. Na dança clássica bailarinos (as) quando estão muito cansados (as) chegam a fazer repetições mentais e chamam esta técnica de marcação. Na maioria das vezes repetição se confunde com uma prática. Dois aspectos distinguem a prática deliberada daquilo que a maioria faz. Uma é a escolha de uma atividade adequadamente exigente na zona de aprendizado, como explicado anteriormente. A outra é a repetição e de um modo geral, as atividades mais

90

eficazes na prática deliberada são as que podem ser repetidas.

b)   A retroalimentação sobre os resultados

Receber retroalimentação na maior parte das atividades de prática é fácil, as dificuldades surgem quando os resultados exigem interpretação. Quando entramos em campos mais subjetivos tais como desempenhar um papel de gestão ou liderança não será a sua opinião que contará. Essas situações nas quais um professor, um treinador ou mentor é vital para fornecer a retroalimentação.

c)   Exige muito mentalmente

A prática deliberada é acima de tudo um esforço de foco e concentração. É isso que significa "deliberada", diferente de trocar mecanicamente escalas e bola de tênis, como a maior parte das pessoas faz. A busca contínua dos elementos exatos do desempenho que não estão satisfatórios e tentar melhorá-los o máximo que puder impõem esforços enormes à capacidade mental de qualquer um. O trabalho é tão grande que ninguém consegue sustentar por muito tempo. Uma descoberta consistente em todas as disciplinas é que quatro a cinco horas por dia divididas em sessões de uma hora parece ser o limite da prática deliberada. O famoso professor de violino Leopold Auer afirmou certa vez a um de seus alunos: "Estude com os dedos e você vai precisar do dia inteiro, estude com a mente e vai ter o mesmo resultada em uma hora e meia".

d)   Não é muito divertido

Isso é uma consequência inevitável das outras caraterísticas da prática deliberada, que poderia ser descrita como uma receita para não se divertir. Realizar coisas que já sabemos fazer bem é gostoso, e isso é exatamente o oposto que propõe a prática deliberada. Se fosse fácil e divertido a maioria das pessoas praticariam.

Seja qual for a área de excelência a prática será fundamental, além dos elementos relatados acima um dos fatores que uma pratica desenvolve é a percepção. Jogadores reagem mais rápido e calculam melhor o que vai acontecer, a prática produz uma maior familiaridade com todo o processo que envolve o campo de excelência. No trabalho que realizo de análise de perfil muitas vezes detalhes tais como a forma de olhar, o formato do corpo e a forma de caminhar contribuem fundamentalmente para um diagnóstico ou até mesmo para confrontar resultados de um inventário. Estas competências somente podem ser desenvolvidas com muita observação e experiência. Aprendizagem é sinônimo de familiaridade e uma prática deliberada fornece um rico manancial de informações.

9. O FATOR APOIO: O TREINADOR

9.1 Papel e competências de um treinador

Maxwell (2007) afirma que pessoas cujo desempenho chega ao máximo praticam com eficiência, e praticam com eficiência sob a liderança de um grande professor. Se analisarmos a nossa vida verificaremos que a maior parte dela vivemos apoiada por professores. Os primeiros são nossos pais e após entrar na escola seremos acompanhados por eles até concluir nossa formação. Muitas vezes resistimos a buscar apoio para nosso desenvolvimento. Em nossa cultura somos mais individualistas e temos maior dificuldade de nos "submeter" a alguém mesmo com maior conhecimento. Como estudante da filosofia Budista e por extensão da cultura oriental percebo que nesta cultura, talvez mais coletiva e preocupada com a aprendizagem, existe uma aceitação maior de professores, encontrar um mestre no campo espiritual é considerado uma dádiva.

O mestre budista Indiano Nagarjuna (150dc – 250dc), em seu texto clássico Carta a um amigo afirma que "O Buda declarou que seguir um mestre espiritual é o preenchimento do próprio caminho de iluminação. Assim, siga os sábios, como fizeram os muitos que alcançaram a paz através da meditação." As competências deste mestre também é relatada nos textos clássicos: "Siga um mestre espiritual que tenha autodomínio, seja tranquilo, abundante em virtude, sério e rico em conhecimento das escrituras. Que tenha compreendido a realidade, seja hábil professor, possua natureza compassiva e nunca se canse." Se você deseja desenvolver uma excelência em qualquer área saiba que isto envolve uma complexidade de conhecimentos e habilidade além de um longo tempo de investimento, seguir este caminho sem orientação de professores qualificados é praticamente impossível.

A partir da globalização estamos enfrentando um aumento de competitividade e exigência em várias áreas, tais como os esportes e nos negócios. Esportistas, mesmo nos segmentos coletivos, muitas vezes, possuem sua própria equipe multidisciplinar de apoio, e nos negócios surgiram a figura do coach e do mentor. O aumento da oferta de formação destes profissionais e a sua utilização vem apresentando um crescimento significativo. Este aumento, inclusive, tem trazido muitos questionamentos sobre a preparação destes profissionais.

Bons professores exercem diversos papéis, eles inspiram, questionam nossas crenças, nos ajudam a superar limites e adaptam suas instruções ao nível dos seus aprendizes. Coyle (2009) diz que a habilidade de ensinar excepcionalmente bem é um talento como qualquer outro, não é algo mágico e sim uma combinação de habilidades, ele cita o professor emérito da Universidade da Califórnia em Los Angeles Ron Gallimore sobre a habilidade docente: "Excelentes professores se concentram no que o aluno está dizendo ou fazendo e, graças a essa concentração e ao seu grande conhecimento do assunto, são capazes de enxergar e reconhecer o esforço hesitante e desajeitado que o aluno mal consegue articular na tentativa de um dia atingir a maestria. Uma vez identificado esse esforço, estabelecem um contato mais estreito com ele por intermédio de uma mensagem direcionada." Podemos identificar três competências nesta afirmação de Gallimore, a primeira é o conhecimento na área em que pretende atuar, o segundo é a concentração e o foco no aluno, sua capacidade de escutar contribuirá em reconhecer onde o aluno está e aonde ele quer chegar, a terceira competência é a relação de confiança que sedimentará o dialogo necessário em um processo de aprendizado. Há um fator importante que vai além do treinador que é citado na afirmação de Gallimore que é reconhecer o esforço do aluno. Esta questão mostra os limites que um processo de aprendizagem impõem, ou seja, ele é um processo que depende não só do treinador mas também do aluno, é uma combinação de responsabilidades que aluno e treinador dividem. Se o aluno não for protagonista da sua transformação o papel do treinador deixará de existir.

10.   O FATOR DECISIVO: ATITUDE

10.1   O que é atitude?

Houaiss (2009) em sua segunda e terceira acepções conceitua atitude como um comportamento ditado por disposição interior; maneira de agir em relação à pessoa, objeto, situação etc.; maneira, conduta; atuação ou procedimento especialmente quando cheio de determinação, brio, comprometimento, personalidade.

Robinson (2008) posiciona atitude como fator essencial para encontrar nossa paixão e talento, ele define atitude como a perspectiva que temos em relação a nós mesmos e às circunstâncias: O modo como vemos as coisas, nossa disposição e nosso ponto de vista emocional.

Victor Frankl (1905-1997), psicólogo Austríaco, foi preso em campo de concentração durante segunda guerra, afirma que "Tudo que você tem na vida pode ser tirado de você, exceto uma coisa, sua liberdade de escolher como você responderá à situação." Isto é que determina a qualidade das nossas vidas, a forma como respondemos a estas realidades, que tipo de significado atribuímos a elas, que tipo de estado mental permitimos que elas incitem afirma Jane Fonda[22]. Sartre dizia que: "O importante não é aquilo que fazem de nós, mas o que nós mesmos fazemos do que os outros fizeram de nós."

Ducworth (2016) relata que em uma pesquisa sobre alunos bem sucedidos na escola militar de West Point demonstrou que "na verdade, o que importava, era uma atitude de nunca desistir, eram obstinados, ou seja, a despeito da área, as pessoas muito bem-sucedidas exibiam um tipo de perseverança feroz que se manifestava de duas formas. Em primeiro lugar, eram mais persistentes e esforçadas que a média. Em segundo, sabiam lá no fundo de si mesmo o que desejavam. Tinham não só perseverança mas

---

[22] https://www.ted.com/talks/jane_fonda_life_s_third_act?language=pt-br –Citação de Vikor Frankl e comentário de Jane Fonda. Em 17 de junho de 2017.

direção. A paixão que as movia era duradoura.

Gladwell (2013) questiona: Qual é a pergunta que sempre fazemos sobre as pessoas bem-sucedidas? Queremos saber como elas *são*: seu tipo de personalidade, nível de inteligência, estilo de vida e talentos especiais inatos. E presumimos que são essas qualidades individuais que explicam seu sucesso. Nas autobiografias publicadas a cada ano por bilionários, empreendedores, astros de rock e celebridades, a história é sempre a mesma: nosso herói nasce em circunstâncias modestas e, graças ao seu talento e à sua garra, abre caminho até o topo.

Atitude, dessa forma, é composta de uma força interna que produz direção, determinação e perseverança nos impulsionando para além dos obstáculos. Coyle (2009) relata um estudo com violinistas. Uma das questões que foi perguntado às 157 crianças alvo da pesquisa foi por quanto tempo pensavam tocar (as opções eram: durante este ano, até o fim do ensino fundamental, até o fim do ensino médio e por toda vida.) e as respostas foram categorizadas em três grupos:

a) Compromisso de curto prazo;
b) Compromisso de duração média;
c) Compromisso de longo prazo.

As crianças também foram separadas por tempo que cada uma estudava por dia: pouco tempo 20 minutos, tempo médio de 45 minutos e muito tempo acima de 90 minutos. Com igual tempo de estudo o grupo com compromisso de longo prazo superou o de compromisso de curto prazo em 400%. Com meros 20 minutos de estudo por semana, o grupo de compromisso de longo prazo progrediu mais depressa que o grupo de curto prazo, que estudou uma hora e meia. Quando o longo prazo se aliou ao maior tempo de estudo, as habilidades foram à estratosfera. Ponderou o pesquisador: "Costumávamos ver as crianças, cada novo aluno como uma tábula rasa, folha em branco, mas ideias que cada um deles trazem consigo na primeira aula provavelmente são mais importantes do que qualquer coisa que um professor possa fazer e do que qualquer tempo de estudo. Tudo gira em torno da percepção que eles têm do próprio eu: a certa altura, ainda bem cedo na vida, viveram uma experiência cristalizadora que fez surgir a especialista em educação infantil: "Como diz Duckworth (2016) nosso potencial é uma coisa. O que fazemos com ele é outra, bem diferente.

10.2   Determinação é mais importante que conhecimento?

"A questão não é que eu seja mais muito inteligente", falou Einstein certa vez. "Eu simplesmente me detenho por mais tempo nos problemas". Shenk (2010) diz que a afirmação simples de Einstein deve ser ouvida com atenção por todos os que buscam a grandeza, tanto para si mesmos como para seus filhos. No fim das contas, a persistência é a diferença entre a mediocridade e o sucesso retumbante.

Tough (2012) diz que na última década e especialmente nos anos mais recentes, economistas, educadores, psicólogos e neurocientistas das mais variadas tendências começaram a demonstrar fatos que apontam para um questionamento de boa parte dos pressupostos por traz da hipótese da superioridade da inteligência cognitiva. Segundo eles o que mais importa no desenvolvimento e uma criança não é a quantidade de informação introduzida em seu cérebro nos primeiro anos de vida. O importante é ajuda-las a desenvolver um conjunto muito diferente de qualidades, entre elas persistência, autocontrole, curiosidade, escrupulosidade, determinação e autoconfiança. Os economistas as denominam capacitação não cognitiva.

Francis Galton (1822-1911), contemporâneo de Darwin, foi um dos primeiros a pesquisar a origem do alto desempenho. Ele preparou uma lista de figuras conhecidas da ciência, do atletismo, da música, da poesia e do direito, entre outras áreas, e reuniu sobre elas todas as informações biográficas possíveis. As pessoas mais eminentes, concluiu Galton, destacam-se em três aspectos: demonstram uma "aptidão" incomum. Combinada com um empenho excepcional e a capacidade de trabalho árduo.

10.3   O obstáculo é o caminho

A frase de Marco Aurélio, imperador romano denota muito bem o que significa atitude diante de um caminho que nos propomos: "Nossas ações podem ser impedidas... mas não há como impedir nossas intenções ou disposições. Porque podemos conciliar e adaptar. A mente adaptada converte a seus próprios propósitos os obstáculos à nossa atuação." Holiday (2014) reconhece nas palavras de Marco Aurélio o segredo de uma arte conhecida como virar obstáculos de perna para cima. Agir com "uma clausula reversa" de modo a haver sempre uma saída ou rota para chegar aonde você precisa ir. De modo que revezes ou problemas sejam sempre esperados e jamais permanentes. Deixando claro que o que nos impede nos fortalece. Nesta concepção todo obstáculo é único para cada um de nós. Mas as reações que despertam são as mesmas: Medo, frustração, confusão, impotência, raiva e depressão. Por outro lado, nem todo mundo fica paralisado. Alguns parecem transformar estes mesmos obstáculos que nos entravam em plataformas de lançamento para si mesmos. Como fazem isso? Qual o segredo? O que estes personagens têm que nós não temos? Simples, reconhece Holiday: Um método e uma estrutura para compreender, apreciar e reagir aos obstáculos que a vida coloca a nossa frente.

Holiday relata um antigo conto sobre um rei cujo povo estava se tornando arrogante e indolente. Decepcionado com a situação o rei resolveu dar uma lição. Seu plano era colocar uma pedra no meio da estrada bloqueando a ligação com a cidade. O rei se escondeu e ficou observando como reagiriam, se se juntariam para removê-la, desistiriam e retornariam para casa? Para decepção do rei, súdito por súdito voltava para casa. Semanas se passaram até que um camponês resolveu remover a pedra, foi até o mato e cortou madeira para fazer uma alavanca, obtendo sucesso com sua ferramenta. Debaixo da pedra estava uma bolsa de moedas de ouro e um bilhete dizendo: "Obstáculo no caminho é o caminho". Jamais se esqueça: dentro de cada obstáculo existe uma oportunidade para melhorar a sua condição.

Hoje, a maioria dos obstáculos são internos, não externos. Em vez de pedras, inimigos hostis, temos tensões internas, frustrações, expectativas não satisfeitas e ainda lidar com outras dores normais na natureza humana como perda, tristeza, etc. Holiday afirma que a nossa geração, mais do que nunca, precisa de uma abordagem para superar obstáculos e prosperar em meio ao caos.

Marco Aurélio estabelece um caminho através do obstáculo:
Julgamento objetivo, agora neste exato momento.
Atitude altruísta, agora neste exato momento.
Aceitação espontânea, agora neste exato momento – de todos os acontecimentos externos.
É tudo que você precisa.

Esta abordagem flexível é adequada ao empreendedor, ao artista ou treinador. A disciplina de superar obstáculos e composta de três passos críticos, interdependentes, interconectadas e fluidamente contingentes: Percepção, Ação e Vontade.

10.4   As três disciplinas para superar obstáculos

Pode parecer um processo simples, mas não é fácil. O método começa com a forma como olhamos para nossos problemas específicos, nossa atitude ou abordagem; depois a energia e a criatividade com a qual ativamente os derrubamos e os transformamos em oportunidades; finalmente o cultivo e a manutenção de uma vontade interior que nos permite lidar com derrotas e dificuldades.

Primeira disciplina: PERCEPÇÃO

É como concebemos e compreendemos o que ocorre a nossa volta – e o que decidimos que esses acontecimentos vão significar. Nossas percepções podem ser uma fonte de força ou de grande fraqueza. Se formos emotivos e de visão curta, só aumentamos os nossos problemas. Para não sermos dominados pelo mundo a nossa volta devemos dominar nossas emoções e o controle que elas exercem em nossas vidas.

Disciplina na percepção permite que você veja com clareza a vantagem e o curso apropriado de ação em todas as situações. Temos escolha em reagir a esta ou aquela situação, podemos ser levados a cegas ou por sentimentos primitivos. Temos que ter em mente coisas quando estivermos diante de um obstáculo, devemos tentar: ser objetivos; controlar emoções e manter estabilidade; optar por ver aspectos bons na situação; ignorar o que perturba ou limita os outros; colocar as coisas em perspectiva; retornar ao momento presente; concentrar-se no que pode ser controlado.

Segunda disciplina: AÇÃO

Ação é lugar comum, ação correta não é. Como uma disciplina, não é qualquer tipo de ação que vai servir, mas a ação direcionada. Tudo deve ser feito a serviço do todo. Passo a passo, ação a ação, com persistência e flexibilidade agiremos no interesse de nossos objetivos. Ação requer coragem, não impetuosidade, aplicação criativa, não força bruta. Nossos movimentos e ações nos definem: estamos certos em agir com deliberação, ousadia e persistência. Esses são os atributos da ação certa e eficaz.

Terceira disciplina: VONTADE

Vontade é o nosso poder interior, que jamais pode ser afetado pelo mundo exterior. Se ação é o que fazemos quando temos influencia sobre a situação, vontade é do que dependemos quando a influencia desapareceu. Colocados diante de uma situação que parece imutável e inegavelmente negativa, podemos transformá-la numa experiência de aprendizado, numa experiência de humildade, numa chance de prestar conforto aos outros.

Ao dominarmos os ensinamentos das três disciplinas do imperador Marco Aurélio, apresentado por Holiday, teremos as ferramentas para virar qualquer obstáculo de cabeça para baixo.

10.5   Preparação mental

Todos nós tomamos atitudes. Algumas delas se harmonizam com a realidade e nos servem bem durante o curso das nossas vidas. Outras não se ajustam com o real e nos causam problemas. Atitudes precisam de ajustes. A meditação e o caminho budista de transformação da mente têm como um dos objetivos ajustar nossa mente a realidade. Existe uma técnica no budismo tibetano, que se chama *lojong*. Esta técnica visa mudar nossas atitudes de modo que nossa mente se torne uma fonte de pura alegria, em vez de um poço fundo de problemas, ansiedade, frustrações, etc. A palavra tibetana é formada por *lo* que significa atitude, perspectiva; e *jong* que significa treinar, purificar, esclarecer, etc. (Wallacce, 2001).

Autoconsciência e autocontrole são as bases da nossa capacidade mental. Similar a um lago em meio às montanhas. Se nossa mente não estiver calma e tranquila não terá condições favoráveis para lidar com as turbulências que advém do meio e até de dentro de nós mesmos. Um lago tranquilo refletirá a beleza do céu azul e de toda a natureza no seu entorno. Uma mente instável e agitada se misturará a situação gerando confusão.

A atenção regula a emoção. Goleman (2013) afirma que este pequeno recurso a atenção seletiva acalma a amigdala agitada. Este recurso exige atenção executiva, uma capacidade que começa a florescer no terceiro ano de vida, quando uma criança pequena é capaz de demonstrar "controle esforçado" – concentrar-se segundo a própria vontade, ignorando distrações e inibindo impulsos. Nossa mente usa a autoconsciência para manter tudo nos trilhos: a metacognição – pensar sobre o pensar – permite que saibamos como estão indo nossas operações mentais para que possamos ajustá-las conforme for necessário. No design da mente a autoconsciência tem a função de regular nossas próprias emoções, bem como perceber como os outros estão se sentindo.

Neurocientistas enxergam o autocontrole como papel da função executiva das zonas cerebrais subjacentes que regulam atividades mentais como a autoconsciência e o autoregulação, habilidades criticas em nossas vidas. A atenção executiva é chave para a autogestão. Este poder de direcionar o foco para alguma coisa e ignorar as outras permite trazer para mente uma consciência mais clara daquele momento. Esse pequeno ponto de escolha abriga o cerne da força de vontade, a essência da autoregulação. Quaisquer que sejam nossos melhores talentos, a autoconsciência nos ajudará a utilizá-los ao máximo. A capacidade de perceber que estamos ficando ansiosos e tomar providencias para renovar nosso foco na autoconsciência. Como boa noticia, podemos aprender a fortalecer nossa atenção, similar a um musculo que trabalhamos em um determinado aparelho na academia, a atenção pode ser treinada através da meditação.

A nossa faculdade da atenção nos afeta de várias formas. Nossa percepção da realidade está relacionada bem de perto com o foco da nossa atenção. Somente aquilo que prestamos atenção parece real. Apesar da importância que ela tem para a forma como levamos a vida, a atenção, em todas as suas variantes representa um recurso mental subestimado e pouco percebido. A atenção fornece os mecanismos que sustentam nossa consciência do mundo e a regulação voluntária dos nossos pensamentos e sentimentos. O modo como aplicamos nossa atenção determina o que vemos, o foco é a realidade.

Gallwey (2016), o fundador do coaching, desenvolveu sua abordagem ao treinar jogadores de tênis. Ele dizia que todo jogo é composto por duas partes, a exterior e a interior. O jogo exterior tem um adversário externo, obstáculos internos e um objetivo externo. Não se pode obter sucesso ou satisfação na prática de um jogo se não se dedicar atenção à usualmente negligenciadas habilidades do jogo interno. Este é jogo que acontece na mente do jogador e tem como obstáculos a falta de concentração, o nervosismo, a insegurança e a autocondenação.

Muitas vezes precisamos voltar e refletir sobre nosso autoconceito, como a infância influenciou no sentimento de autoestima ou até que situações não ficaram bem resolvidas e que seguem pressionando nossa psique. Dezenas de pessoas atendidas em coaching de carreira tiveram muitos ganhos em analisar suas vidas e mudar perspectivas de suas experiências. A tradução do autoconceito em interesses e vocações, o qual ocorre na adolescência, envolve a identificação com um adulto significativo, o desempenho de papeis, suas características. Mais tarde ocorre a implementação do autoconceito com a entrada no mercado de trabalho (Levenfus, Soares & colaboradores). A forma como construímos este autoconceito poderá gerar interferências negativas na manifestação do potencial. Estas interferências poderão se manifestar de muitas maneiras: insegurança, medo, rigidez, estagnação da expressão, alta ansiedade, etc.

Um grande avanço nas tentativas de Gallewey de compreender a arte da concentração relaxada veio quando estava dando aula ao perceber algo que frequentemente acontecia durante uma partida. Os tenistas têm o costume de falar com eles mesmos. Seria interessante saber o que se passa na cabeça do tenista neste momento indagou Gallewey. Foi trabalhando para acessar esta voz interna que começou a se estruturar uma conversa coaching. Muitas vezes esta voz exerce um julgamento que bloqueia nossa expressão natural: "eu não consigo, não posso". O tênis é muito psicológico, e o atleta precisa desenvolver atitudes mentais necessárias.

A preparação mental tem chegado a outros esportes. A seleção alemã campeã do mundo em 2014 colocou a sua equipe para meditar nos preparativos para a copa do Brasil. A atenção na respiração tem sido a estratégia da equipe olímpica brasileira de judô. Eles usam a atenção na respiração como forma de treinar a concentração e o foco. O judoca Rafael Silva, medalhista em duas olimpíadas, diz que o esporte é feito de detalhes, todos chegam muito treinados, o que vai fazer a diferença é a preparação mental.

Saber que a jornada da vida é uma maratona e não uma corrida de velocidade é importante e deve servir de incentivo para encarar o desenvolvimento e a qualificação da nossa atitude.

Seção 4

Talento nas escolas e nas empresas

11   TALENTO NA ESCOLA: MUITOS DESAFIOS

11.1   A escola mata a criatividade das crianças?

Não sabemos que profissões existirão daqui dez anos nem que novas serão criadas. Por isso a escola precisa direcionar seu esforço no desenvolvimento do potencial dos seus alunos e na sua capacitação para tornar mais plena sua utilização. Ken Robison[23] questiona se a escola não contribui para diminuir a capacidade criativa nos alunos. A penalização do erro, "aquele que não está preparado para errar jamais fará algo de original" afirma Robison. A "aprendizagem" baseada no acumulo de conhecimento prévio e a "resposta certa" faz com que nossa capacidade criativa possa ser estagnada. . "As escolas estão obcecadas em colocar os alunos na universidade" diz Robison[24], isto é muito visível no Brasil em que escolas foram criadas a partir de cursos preparatórios para o vestibular provocando uma distorção do real objetivo. O foco se transforma em muito conteúdo e pouca preocupação com a individualidade.

Para Robison a principal causa da maioria das pessoas não encontrar seu talento é da educação. Nosso sistema de educação formal tem 200 anos e durante esse tempo falhamos em conectar os estudantes aos seus talentos. "O sistema é obcecado com as habilidades acadêmicas, em levar os alunos para a faculdade. Nem todo mundo precisa ir para a universidade, nem todo mundo precisa ir na mesma época da vida". Robinson relata sua conversa com rapaz que é bombeiro, nesta conversa o rapaz disse que sempre quis ser bombeiro, desde criança, mas não era levado a sério porque costumam achar que todo garoto sonha em ser bombeiro. E ele ouvia de um professor que iria desperdiçar seu talento.

---

23 https://www.ted.com/talks/ken_robinson_says_schools_kill_creativity?language=pt-br
24 http://istoe.com.br/81169_A+ESCOLA+MATA+A+CRIATIVIDADE+/ Edição 23.06.2010 - n°
   2119

Mais tarde, ele salvou a vida deste professor. Ou seja, as comunidades dependem da diversidade de talentos, não de uma só concepção.

Somos formados por um sistema educacional fast-food, em que tudo é padronizado, industrializado. Temos de mudar isso para uma educação manufaturada, orgânica. E aprender que o florescimento humano não é um processo linear e mecânico, mas orgânico. A educação precisa ser customizada para diferentes circunstâncias e personalizada. É preciso criar um sistema em que as pessoas busquem suas próprias respostas afirma Robinson.

As escolas gastam muito tempo com matemática, por exemplo, mas há muito pouco de arte, que segundo Robinson, é fundamental em nossas vidas. As artes visuais e a dança são expressões dos sentimentos humanos, da nossa cultura, mas nas escolas são deixadas de lado, ou pior, até ignoradas. As escolas são obcecadas com um tipo específico de talento e acabam ignorando os outros. Robinson diz que desde a sua juventude, esteve cercado de pessoas que lhe pareciam extremamente talentosas, divertidas e interessantes, mas que estavam profundamente frustradas e pensavam que não tinham nenhum talento, não acreditavam que poderiam conquistar algum respeito.

Robinson diz é preciso tornar a educação mais pessoal, em vez de linear. A vida não é linear. Embora isso seja difícil, não há outra alternativa. Se quisermos encorajar as pessoas a pensar, temos que encorajá-las a ser aventureiras e a não ter medo de cometer erros. Ao longo da vida, os indivíduos vão se tornando mais conscientes e constrangidos e ficam com medo de cometer erros, porque passam por situações em que dão respostas erradas, se sentem estúpidos e não gostam deste sentimento. É preciso criar uma atmosfera, tanto na escola quanto no trabalho, em que não há problema em estar errado.

11.2   Supervalorização das aptidões racionais

Robison (2008) reconhece que em muitos aspectos o sistema educacional da maioria dos países foi desenvolvido com base em aptidões acadêmicas valorizando certos tipos de raciocínio e critica, particularmente quando expressos em palavras e números. No entanto o que Robison salienta é que por mais importante que sejam essas habilidades, a inteligência humana não se restringe a elas. Por essa razão desenvolveu-se uma ideia que inteligência aparece em certos tipos de atividade, especialmente na matemática e no uso de palavras sendo possível medir o seu nível por meio de testes de múltipla escolha, o mais conhecido é o teste de Q.I. (quociente de inteligência). Alfred Binet (1857-1911) foi um dos precursores desta modalidade, ele pretendia medir a inteligência como uma função da capacidade para aprender avaliada de modo padronizado, dentro de um ambiente acadêmico, cientificamente controlado.

Em 1926, o psicólogo Lewis Terman decidiu identificar e estudar um grupo de crianças superdotadas. Voltarei ao estudo, já relatado anteriormente, pela sua importância e influencia no ambiente escolar. Ele selecionou 1,5 mil alunos da Califórnia (EUA) com Q.I. maior que 140 – 80 deles com mais de 170 de QI. O grupo ficou conhecido como os "Termites", e os altos e baixos de suas vidas ainda são estudados hoje em dia. Muitos dos integrantes do grupo pesquisado cresceram e fizeram fama e fortuna. Mas, inesperadamente, muitas crianças no grupo de Terman preferiram profissões menos glamorosas, como policial, marinheiro ou datilógrafo. Os Termites também não foram particularmente mais felizes do que o cidadão americano comum, com os níveis de divórcio, alcoolismo e suicídio semelhantes ao da média da população do país. Ou seja, na melhor das hipóteses, um grande intelecto não faz diferença em relação à sua satisfação com a vida. Na pior, ele pode significar uma sensação maior de vazio.

Alexander Penney, da MacEwan University, no Canadá entrevistou estudantes universitários sobre vários tópicos e descobriu que aqueles com o QI mais alto se sentiam mais ansiosos. Mas curiosamente, a maioria das preocupações era banal e cotidiana. "Eles não se inquietavam por coisas muito profundas, mas se preocupavam mais frequentemente sobre mais coisas", diz Penney. "Se algo ruim acontecia, eles passam mais tempo pensando naquilo."

Keith Stanovich, da Universidade de Toronto, passou a última década preparando testes de raciocínio e descobriu que decisões justas e independentes não estão nem um pouco relacionadas ao QI. Segundo ele, os indivíduos que se saíam melhor em testes cognitivos padrão são na realidade um pouco mais vulneráveis a terem um "ponto cego de predisposição". Ou seja, eles têm menos capacidade de enxergar seus próprios defeitos, mesmo quando são capazes de criticar os pontos fracos dos outros.

Igor Grossmann, da Universidade de Waterloo, no Canadá, pesquisou o nível de sabedoria, procurando identificar quem poderia fazer um julgamento bom e sem amarras. Em um experimento, Grossmann apresentou a voluntários vários dilemas sociais – que iam desde o que fazer sobre a guerra pela Crimeia a crises que leitores descrevem em colunas de aconselhamentos sentimentais de jornais. Conforme os voluntários falavam, um painel de psicólogos julgava seus argumentos e sua tendência a uma ideia preconcebida. Os que mais pontuaram acabaram predizendo maior satisfação com a vida, mais qualidade de relacionamento, e menos ansiedades e preocupações – todas as qualidades que parecem faltar a pessoas enquadradas no conceito clássico de inteligência. Crucialmente, Grossmann descobriu que um alto QI não necessariamente significa maior sabedoria.

Os estudos de Terman, Penney, Stanovich, Grossmann[25] citados acima têm em comum que alto nível de Q.I. pode significar na realidade um desequilibro em vez de uma vantagem em termos de inteligência. Similar ao que acontece com a estrutura de estilo, se um padrão for muito elevado isto pode significar um maior desequilíbrio e desta forma mais dificuldades.

Como já abordado anteriormente quando explanei a falsa dicotomia entre razão e emoção, a principal influência para esta visão de inteligência originou-se do iluminismo que visava valorizar cada vez mais a utilização de evidências para dar suporte a ideias cientificas, um movimento natural para fugir do obscurantismo da idade média provocado pela inquisição que perseguiu pensadores que não se alinhavam com o pensamento dominante da igreja católica da época, desta forma desenvolveu-se uma valorização excessiva do raciocínio e da lógica. Os filósofos da época argumentavam não deveriam aceitar como conhecimento qualquer coisa que não pudesse ser provada por meio do raciocínio lógico. E a ciência surgiu influenciando definitivamente a condição humana dando inicio a revolução industrial e tecnológica que nos trouxe até os dias de hoje. Esta influência se estendeu além das ciências exatas e moldou a base dos diversos campos de conhecimento como as ciências humanas e biológicas, incluindo a psicologia, a sociologia, a medicina, etc.. Para Robison, à medida que a educação crescia nos séculos XIX e XX, essa influencia também se enraizou com as novas ideias e foi dessa forma que passamos a encarar a inteligência em termos de análise lógica, acreditando que as formas racionalistas de pensamento eram superiores aos sentimentos e emoções. Outro problema surgido com esta tendência foi a ideia que era possível quantificar e classificar o nível de inteligência das pessoas. Foi com todo este movimento vindo de séculos atrás que os perfil racional tornou-se mais valorizado nas escolas e em muitos processos de seleção nas organizações fazendo com que este "tipo de inteligência" passasse a ser referência. As provas de ingresso em universidades tanto na graduação como nos níveis superiores comprovam bem esta valorização. Quando acompanhei minhas filhas na preparação para o vestibular pude entender muito bem esta situação. Um perfil racional/pragmático possui muito mais aptidão para memorizar um grande conjunto de informações além da disciplina e capacidade metódica para estudar todo aquele volume de informações. Como avaliar em

---

[25] http://www.bbc.com/portuguese/noticias/2015/04/150417_vert_fut_lado_ruim_inteligencia_ml consultado em 15/07/2016.

processos educacionais as aptidões de relacionamento de um afetivo ou a capacidade de ação e decisão de um pragmático ou até mesmo a criatividade e inovação de um visionário? Um cliente, certa vez, relatou que seu filho, afetivo/pragmático, foi escolhido como líder da sua turma, inconformados com a escolha da turma, a direção movimentou-se para mudar a decisão alegando que por não ter "boas notas" isto não seria um "bom exemplo" para turma. A mensagem ai colocada é que a capacidade de liderança através do seu carisma e engajamento das pessoas não era benvinda como "outra forma de inteligência" no ambiente escolar. É evidente que hoje existem muitos questionamentos e tentativas de mudar este quadro, Robison afirma que muitos países possuem projetos para mudar o modelo educacional, mas este modelo de séculos ainda levará muito tempo para que sua estrutura seja mudada. Muitas escolas já trabalham para reestruturar seu processo educacional visando corrigir muitas distorções que esta questão construiu. No campo acadêmico o trabalho de Howard Gardner, um psicólogo cognitivo e educacional estadunidense, já citado anteriormente, ligado à Universidade de Harvard, sobre as inteligências múltiplas trouxe uma nova luz a esta questão. Sua teoria ampliou o entendimento de inteligência abrangendo nove campos ou tipos de inteligências: linguística, musical, lógica/matemática, visual/espacial, corporal/sinestésica, Interpessoal, intrapessoal, naturalista e por final a inteligência existencialista.

11.3   Conhecer e trabalhar a partir das múltiplas aptidões e interesses

Os desafios são tantos que é difícil perceber um horizonte para uma nova educação. Como já referimos quando tratei da supervalorização das aptidões racionais, influenciado pelo iluminismo, desenvolvimento da ciência e industrialização. A escola está em crise no mundo inteiro e muitos países buscam desenvolver modelos alternativos, afirma Robison (2008).

Desenvolver múltiplos talentos é o primeiro desafio. A inteligência é diversa, e a escola deveria valorizar esta diversidade e não um aspecto da inteligência. Para que isso seja possível é necessário conhecer as aptidões e interesses dos seus alunos e a partir deste domínio reestruturar programas e metodologias mais transversais. Alunos com aptidões para relacionamento (afetivas) e para ação (pragmáticas) não são valorizados na escola e por outro lado além do desalinhamento serão mais exigidos em suas inaptidões. Robison relata a experiência de Mick Fleetwood, um dos melhores e mais famosos bateristas de rock do mundo. Sua banda, Fleetwood Mac, já vendeu milhares de disco. Sua experiência na escola foi extremamente insatisfatória, sair da escola para ele e ficar longe dos exames que avaliam uma gama restrita de inteligência foi o caminho para uma carreira incrivelmente bem-sucedida.

O que faz uma criança se torne um adulto bem-sucedido? É o tema que trata o livro de Paul Tough, jornalista na área de educação. Segundo seus estudos curiosidade e determinação são fatores mais importante que o conhecimento, principalmente, na forma com é tratado hoje. Na relação Q.I. e atitude, a segunda torna-se o diferencial. Tough (2012) relata os resultados do programa Ferramentas Mentais. Este programa não se voltava apenas às aptidões cognitivas tradicionais, mas também a controlar impulsos, manter-se atento à tarefa do momento, evitar distrações e armadilhas mentais, administrar as próprias emoções, organizar os pensamentos. Seus criadores denominam este conjunto de habilidades de *autorreguladoras.*

Duckworth (2016) em suas pesquisas sobre sucesso realizadas em diversas áreas (Academia West Point, Concursos de soletração, etc.) apontam para a importância dos fatores perseverança e senso de direção. São obstinados em seus objetivos, vão até o fim, eram mais esforçados que a média e lá no fundo de si mesmas sabiam o que desejavam. A paixão que as movia era duradoura. Era a combinação de paixão e perseverança que faziam com que as pessoas bem-sucedidas fossem especiais. Elas tinham determinação.

A determinação contribui para uma atitude resiliente diante dos obstáculos. É uma fonte de força de vontade, perseverança e perspectiva diante dos objetivos e desafios. Duckworth ao analisar os resultados de uma pesquisa teve um lampejo: "Nosso potencial é uma coisa. O que fazemos com ele é outra, bem diferente." É aqui que a atitude faz a diferença. Determinação é fruto da combinação de várias competências e habilidades. Duckworth afirma que cultivar determinação envolve ter grande **interesse** por algo, pensar naquilo que mais gostam e fazer na vida e tentem fazer isso o tempo todo. Outro fator é a **prática**, se o teu interesse é alto você vai ser levado a praticar muito, você vai se envolver mais com o tema, ler tudo sobre o assunto, observar a realidade envolvida, etc. O interesse é uma fonte da paixão. O **propósito** – a intenção de contribuir com o bem-estar de outras pessoas – é outra. As paixões maduras das pessoas determinadas dependem de interesse e propósito. O último aspecto importante é certo grau de **otimismo** e entusiasmo para com a vida. Isso nos ajuda e encarar os problemas e desafios com oportunidades de aprendizagem, ajuda mostrar qual é o caminho. Precisamos avançar nas pesquisas em como educar para curiosidade e determinação, as experiências ainda são incipientes. Estudos sobre relações parentais apontam para o sentimento de segurança adquirido na infância como importante para criar um adulto com maior competência para superar obstáculos. A escola pode avançar muito neste campo, desenvolver espaços pedagógicos para maior autoconhecimento e reflexão sobre si. Ampliar o nível de autoconsciência ajudará conhecer seu potencial e identificar prováveis interferências na sua manifestação.

11.5   Mudar a estrutura do trabalho e o papel do professor

Além de todos os desafios já listados a revisão da sua estrutura hierarquizada de tratar os conteúdos e desconectada dos interesses e aptidões precisa ser repensada. Morin (2000) comenta: "Como nossa educação nos ensinou a separar, compartimentar, isolar e, não, a unir os conhecimentos, o conjunto deles constitui um quebra-cabeças ininteligível." O modelo de ensino que foi instituído nos países ocidentais é aquele que separa os conhecimentos artificialmente através das disciplinas. E não é o que vemos na natureza. No caso de animais e vegetais, vamos notar que todos os conhecimentos são interligados. E a escola não ensina o que é o conhecimento, ele é apenas transmitido pelos educadores, o que é um reducionismo. Surge então a necessidade de reformular o *modus operandi* estabelecido através da re-análise das atuais temáticas e consequentemente propor uma visão horizontalizada dos temas apresentados no dia-a-dia do discente surgem a. Torne o contato e a experiência do aprendizado mais multidisciplinar. Como um processo inicial rumo à tentativa de um pensamento horizontalizado entre as disciplinas, a multidisciplinaridade institui o inicio do fim da especialização do conteúdo. Já a interdisciplinaridade é a forma correta de se superar a fragmentação do saber instituída no currículo formal. Através desta visão ocorrem interações recíprocas entre as disciplinas. Estas geram a troca de dados, resultados, informações e métodos. Para a transdisciplinaridade as fronteiras das disciplinas são praticamente inexistentes. Há uma sobreposição tal que é impossível identificar onde um começa e onde ela termina. Nesta visão poderemos aprender história combinado com arte e teatro por exemplo. O professor deve ter consciência da importância de sua disciplina, mas precisa perceber também que, com a iluminação de outros olhares, vai ficar muito mais interessante. O professor de Literatura precisará conhecer um pouco de história e de psicologia, assim como o de Matemática e o de Física necessitam de uma formação literária.

Por fim todas estas mudanças exigem um novo professor, menos focado na transmissão de conhecimento e mais facilitador do processo de aprendizagem, menos avaliador e mais inspirador e mentor no apoio aos alunos na identificação dos seus interesses e aptidões. É necessário criar meios de transmissão do conhecimento a serviço da curiosidade dos alunos.

O modelo de educação, sobretudo, não pode ignorar a curiosidade das crianças.

12.   TALENTO NAS EMPRESAS

12.1   As aptidões aplicadas na Gestão

Quinn, Faerman, Thompson, Mcgrath e Clair (2004) estabelecem quatro valores concorrentes na gestão: colaborar, criar, controlar e competir.

Para os autores estes quatro valores ou competências são oriundos de quatro modelos de gestão, são eles: metas racionais, processo interno, relações humanas e sistemas abertos. Alguns deles estão claramente identificados com escolas da administração. O valor controlar está relacionado à escola de administração cientifica (Frederik Taylor). Taylor introduziu uma variedade de técnicas para "racionalizar" o trabalho e torna-lo mais eficiente, usando as ideias de Taylor, Henry Ford, em 1914, introduziu a linha de montagem. Na escola das relações humanas (Elton Mayo) a ênfase principal é no compromisso, coesão e moral. As pesquisas realizadas por Elton Mayo e Fritz Roethlisberg, identificaram que a atenção mostrada pelos pesquisadores aumentou a produtividade dos operários, os resultados desses estudos também foram interpretados como evidência da necessidade de um foco maior no poder dos relacionamentos e dos processos informais no desempenho do grupo, dessa forma a subjetividade e o cuidado para com as pessoas formaram um dos valores de Quinn (colaborar) e um dos padrões psíquicos presente na natureza humana. A escola dos sistemas abertos (Daniel Katz e Robert L. Kahn) foi estruturada a partir da década de 50. Estimulados pelo ritmo de mudanças da segunda metade do século, e pela necessidade de entender como gerenciar em um mundo em rápida transformação, Katz e Kahn desenvolveram um modelo de organização mais dinâmico. No modelo de sistemas abertos a organização defronta-se com a necessidade de competir em um ambiente ambíguo e competitivo.

Como podemos perceber as quatro funções psíquicas apresentadas anteriormente estão diretamente relacionadas com os quatro valores ou competências gerenciais de Quinn. À medida que o século XX chegava ao fim, a velocidade das mudanças alcançou novos limites. Muitas mudanças do cenário dos negócios criaram um ambiente de muita volatilidade, complexidade e ambiguidade. Muitos executivos se perguntam como fazer para gerenciar neste mundo contemporâneo. Segundo Quinn a estrutura de valores concorrentes é uma ferramenta poderosa testada pelo tempo que pode auxiliar os gestores a enfrentar essas questões.

Figura 4: Os quatro modelos de gestão

Fonte: Quinn

De início, ao observar a figura acima pode parecer que os quatro modelos parecem ser quatro perspectivas ou domínios inteiramente diferentes. No entanto podem ser considerados como intimamente relacionados e entrelaçados. Flexibilidade e controle, interno e externo precisam operar simultaneamente. Ao contrário dos modelos clássicos de administração, a estrutura de valores concorrentes sugere que esses interesses opostos podem e devem ser tratados em sistemas reais. A superioridade de um dos modelos sobre o outros poderá por em risco a sustentação da organização. É o que acontece no processo de decadência pela burocratização e perda do interesse pelo risco, por exemplo.

12.2   Papéis, aptidões e talentos gerenciais

A abordagem de Quinn (et al) não trata de perfis, mas de um grupo de competências gerenciais. Segundo ele em meados da década de 1990, já estava claro que não haveria um modelo único que fosse suficiente para orientar os gerentes e que, na verdade enxergar todos os quatro modelos como elementos de uma matriz mais vasta. (...) São quatro importantes subdomínios de um construto maior: a eficácia organizacional.

A estrutura de valores concorrentes integra opostos, como vimos na figura acima, não é fácil pensar em termos de opostos. Não entendê-los, porém, pode atrapalhar seu desenvolvimento como líder gerencial.

Descrição dos quatro valores concorrentes e suas competências associadas:

Colaborar: criar e sustentar compromisso e coesão

- Entender a si mesmo e aos outros;
- Comunicar com honestidade e efetividade;
- Orientar e desenvolver os outros;
- Gerenciar grupos e liderar equipes;
- Gerenciar e estimular o conflito construtivo;

Controlar: estabelecer e manter a estabilidade e continuidade
- Organizar os fluxos de informações;
- Trabalhar e gerenciar através das funções;
- Planejar e coordenar projetos;
- Medir e monitorar o desempenho e a qualidade;
- Estimular e possibilitar a conformidade.

Competir: melhorar a produtividade e aumentar a lucratividade

- Estabelecer metas e objetivos;
- Desafiar a si e aos outros;
- Produzir e vender;
- Gerenciar a execução e conduzir para resultados.

Criar: promover a mudança e estimular a adaptabilidade
- Usar o poder com ética e efetividade;
- Patrocinar e vender novas ideias;
- Estimular e promover a inovação;

- Negociar e acordar compromisso;
- Implementar e sustentar a mudança.

Segundo Quinn, no futuro, a complexidade comportamental irá se tornar cada vez mais importante para os lideres, cuja habilidade de gerar desempenho superior irá requerer que eles equilibrem rentabilidade, eficiência, compromisso e inovação. Esta mudança no comportamento envolve o entendimento dos diferentes estilos (aptidões) e o reconhecimento da importância dos valores concorrentes na busca da eficácia gerencial. Quando os gerentes falham em demonstrar complexidade comportamental, a habilidade de reconhecer a importância e operar em cada um dos valores concorrente, suas ações vão provavelmente ter resultados negativos. Indivíduos que enfatizarem uma única abordagem de gerenciamento podem se tornar muito hábeis nesta abordagem, mas isto não significa que esses indivíduos sejam líderes gerenciais efetivos. O paradoxo de ter sucesso usando uma única abordagem pode, mais cedo ou mais tarde, levar a um revés na carreira.

Figura 5: Zonas negativas e positivas dos quatro valores

Fonte: Quinn .

.Adizes (1986) apresenta uma abordagem também voltada para papeis

115

gerenciais. Ele afirma que existem quatro papéis gerenciais, definindo-os como Administrador (aptidões racionais), Empreendedor (aptidões visionárias), Produtor (aptidões pragmáticas) e Integrador (aptidões afetivas), segundo ele os quatro juntos são suficientes para uma boa gerência. Adizes utiliza estes quatro papéis para analisar o comportamento organizacional e suas funções nas fases de desenvolvimento de uma empresa. Da mesma forma que a abordagem de Quinn a descrição que Adizes faz destes quatro papeis também está alinhada com os quatro grupos de aptidões.

No quadro abaixo faço uma relação das aptidões com as características dos quatro papeis gerenciais. Esta relação pode ser estendida à abordagem dos quatro valores concorrentes de Quinn: Criar (visionária), controlar (racional), competir (pragmática) e colaborar (afetiva).

Quadro 11: Aptidões e papeis gerenciais

Grupos de Aptidões	Papel Gerencial e Valores concorrentes	Torna a Organização	Áreas Essenciais	Resultados
Pragmáticas	Produzir resultados, atingir metas e competir.	Funcional	Comercial e industrial	Eficaz no curto prazo
Racionais	Admi nistrar programar e controlar	Sistematizada	Administrativa, financeira, contábil e controladoria.	Eficiente no curto prazo
Afetivas	Formar equipes e administrar conflitos e colaborar.	Orgânica	Recursos humanos	Eficiente no longo prazo.
Visionárias	Mudar, criar, inovar e resstruturar.	Proativa	Marketing, planejamento estratégico.	Eficaz no longo prazo.

Adaptado pelo autor com base em Adizes e Quinn

Como vimos acima uma equipe ou organização necessita de todas as aptidões. Algumas áreas mais de uma ou de outra dependendo da sua natureza, mas uma composição com todas elas trará maior efetividade no

116

curto e no longo prazo. Em uma área financeira as aptidões racionais serrão essenciais, mas se não tiver pessoas com aptidões visionárias não gerará melhoria e inovação podendo se tornar muito burocrática. Todas as áreas deveriam conter todas as aptidões para que todas as funções gerenciais possam ser implementadas tornando mais efetivo o seu funcionamento.

12.3   Pessoa certa no lugar certo

Embora pareça básico, este é o maior desafio. O pouco domínio sobre as aptidões humanas embora seja bastante problemática na escola seu maior impacto é no ambiente organizacional. Pouca compreensão sobre aptidões e baixa aceitação das diferenças entre as pessoas faz deste tema a principal causa de doença no ambiente de trabalho. As áreas de recursos humanos das empresas estão pouco preparadas para abordar adequadamente esta questão. A maioria das empresas se quer utilizam ferramentas de identificação de perfil. Outro problema são os instrumentos utilizados nestas identificações. A maioria deles tem seu embasamento em obras escritas na década de 20 do século passado. No meu primeiro livro dedico vários capítulos analisando os inventários que estão baseados na obra Tipos Psicológicos de Carl Jung (MBTI, Inshgts e outros) e Emoções de pessoas normais de William Marston (DISC, PI e outros). Nesta análise demonstrei que as deficiências destas abordagens acabam fornecendo um perfil errado ao inventariado. Além das deficiências destes instrumentos sua aplicação é bastante complexa e necessita de uma abordagem que muitos profissionais não possuem preparação para este trabalho.

Entender aptidão não só como uma disposição natural mas uma necessidade psíquica, ou seja, se o teu trabalho ou ambiente não favorecem a utilização das tuas aptidões você entrará em sofrimento psíquico. Além dos danos psicológicos é provável que a qualidade do trabalho também não esteja satisfatória e que você não esteja se aprimorando ou desenvolvendo um talento. No capítulo sobre o fator aptidão você terá uma abordagem mais detalhada inclusive com o relato de diversos casos atendidos por mim.

Alinhamento entre aptidões e o seu trabalho significa que todos ganharão. Você realiza seu trabalho com naturalidade e satisfação enquanto que o seu resultado provavelmente será percebido como satisfatório pelos membros da organização. Por outro lado, o desalinhamento deixará todos insatisfeitos. As situações mais comuns são pessoas na área comercial sem aptidões pragmáticas, na área financeira ou afim sem perfil racional, por exemplo, mas também em todas as áreas muitas pessoas são altamente cobradas por aptidões que não possuem. O desafio de um gestor é conhecer as aptidões dos seus colaboradores visando o melhor alinhamento com suas tarefas. O alinhamento é fundamental pois é somente utilizando nossas aptidões é que poderemos desenvolver talentos.

12.4 Aptidões para Empreender e o impacto em cada fase de uma empresa

Com a utilização destes papéis Adizes desenvolveu uma metodologia de diagnóstico e terapêutica organizacional para utilizar principalmente nos casos onde há deficiência de um ou mais papéis em uma organização. São estes quatro papeis que determinarão o sucesso de um empreendimento mesmo que atuando de forma diferenciada em cada fase de um negócio como veremos a seguir.

Estamos vivenciando um aumento crescente no interesse em empreender. Ao longo da minha experiência de quase dez anos em transição e orientação de carreira pela consultoria global Lee Hecht Harrison tenho percebido um aumento na opção por carreira empreendedora de clientes em transição. Este aumento tem vários motivos: crise econômica que reduz a oferta de emprego, um novo ciclo de carreira na maturidade, maior realização pessoal e flexibilidade, etc. Se incluirmos as novas gerações este interesse tem um aumento considerável. Nascidos sob a influência da internet, esta geração vem quebrando definitivamente o paradigma do emprego como principal estratégia para a construção de uma carreira.

Paralelo a este cenário vemos o surgimento de uma rede de apoio ao empreendedorismo sendo construída, são instituições e eventos especializados, aceleradoras, investidores anjo, crowfunding, etc.

Dentro desta nova cultura que vem se formando é possível identificar uma lacuna importante: uma abordagem sobre como um perfil impacta na criação e no desenvolvimento de um negócio. Quando me refiro a perfil, estou falando da combinação de um conjunto de aptidões, como qualidades ou disposições inatas para determinada coisa. Acredito que esta ausência é causada por duas razões: a primeira é a incapacidade que a maioria das ferramentas[26] que analisam perfil possui em identificar adequadamente certas aptidões fundamentais no empreendedorismo. A segunda é uma preferência pela identificação de atitudes e comportamentos e não o perfil que podem conduzir um empreendedor ao sucesso. Sem dúvida que a atitude como um comportamento ditado por uma disposição interior é muito importante para ter-se sucesso ao empreender, mas uma identificação de perfil baseado em aptidões também fornecerá um quadro mais claro de

---

[26] Conforme está demonstrado no estudo apresentado no apêndice do meu primeiro livro (Estilos Psicológicos) o modelo de Jung não reconhece a combinação visionário/pragmático e os modelos oriundos de Marston (D.I.S.C. e P.I.) não tratam do fator visionário.

um conjunto de atitudes.

O que quero demonstrar ao longo deste capítulo é que uma abordagem baseada em aptidões poderá nos fornecer informações mais precisas sobre como cada perfil, identificando como suas forças e fraquezas, impactam em cada fase de um negócio. O desenvolvimento de um empreendimento, desde o seu início, demanda um amplo conjunto de aptidões, pois cada fase de um negócio exige diferentes competências e estilos gerenciais.

Inicialmente apresentarei as fases de um negócio, suas principais características e como os estilos se relacionam com cada fase de um negócio em termos de aptidões.

O objetivo de Adizes (2004) ao analisar o comportamento organizacional é orientar a evolução da organização através dos seus ciclos. Se observarmos a realidade em nossa volta vamos perceber que tudo tem seu ciclo: pessoas, plantas, pedras, etc. As pessoas possuem diversos ciclos: infância (primeira e segunda), adolescência, maturidade, envelhecimento. Um geólogo poderá fazer análise de uma pedra e falar sobre sua idade. As organizações não são diferentes. Uma mudança de ciclo no contexto organizacional exigirá mudança de comportamento e papel gerencial. Se compreendermos a natureza de cada ciclo será possível prever os problemas futuros e planejar as mudanças necessárias. O papel de gerentes ou empreendedores preparados é conduzir as mudanças de um ciclo para outro evitando a desintegração da organização, pois os problemas não podem ser evitados e sim gerenciados. Os problemas poderão tornar-se patológicos quando não agregarmos um estilo gerencial diferente para acompanhar a necessidade de um novo ciclo e isto acontece pelo fato que as pessoas não possuem em seu perfil todos os papeis ou estilos gerenciais e muitos tendem a dar importância para o seu funcionamento sem ter a consciência da importância dos demais para evolução do seu negócio. Observa-se muito este dilema em empresas onde o fundador mantem centralizado em si as diversas atividades sem perceber que seu negócio evoluiu e por isso precisa mudar seu papel. Abaixo estão descritos as demandas de cada ciclo e o papel necessário representado pela aptidão ou função mental.

Quadro 12: Características dos ciclos e aptidões correspondentes

Fase ou Ciclo	Foco, desafios e características.	Grupo de aptidões
Modelagem	Estruturar Ideia e oportunidade (valor e diferenciação) Comprometimento de forma realista (motivação transcende o ganho	Visionárias

	material) Testar realidade e analisar detalhes Risco do perfeccionismo	
Infância	Orientação para produto e sua estabilização Foco na ação de mercado Gestão por crise (poucos sistemas e falta profundidade gerencial, nenhuma delegação) Liderança autocrática Controlar fluxo de caixa e capitalização Prolongamento da infância pode desestimular	Pragmáticas
Mercado	Foco na venda e em novos mercados Papeis centralizados e organizados por pessoa Criar infraestrutura Risco de criar conglomerado e faltar de limite (tudo pode ser uma oportunidade) Controles insuficientes	Pragmáticas e Visionárias
Profissionaliz ação	Organização (definir papéis, politicas e sistemas de controle) Mudança de metas de venda para rentabilidade Desafio de delegação do fundador e novo estilo de liderança	Racionaisl
Maturidade	Governança Institucionalizada Foco e prioridades conscientes Metas Integradas (volume e rentabilidade) Sistemas e estrutura organizacional funcionais Convivência de Renovação e controle Crescimento em vendas e lucros Desafio de manter-se na plenitude	Todos os ao quatro grupos de aptidões.
Decadência	Perda de flexibilidade e aumento da burocracia Evitar riscos Energia mais para dentro Ênfase na forma e nas personalidades Áreas meio e staff ganham força Orientação mais para lucro menos	Visionário é o primeiro a sair. Ao final ficam apenas os Racionais e Afetivos.

| | para vendas
Enfoque em êxitos e histórias
passadas
Sobrevivência pessoal | |

Adaptado Adizes (2004)

Meu amigo e ex-colega de consultoria Miguel Silva relatou um caso de um cliente que tinha o seguinte desafio: Ele estava com muitos pedidos em casa, muitos novos chegando, mas poucos sendo entregues no prazo e na qualidade necessárias. Após realizarem uma avaliação criteriosa dos estilos/perfis de sua equipe gerencial descobriram que a grande maioria deles era de Pragmáticos-Visionários. Ou seja, aplicavam grande parte de sua energia na busca ativa de clientes e novos mercados, mas pecavam por não organizarem a casa estabelecendo processos internos de produção e de gestão da qualidade. Em síntese lhes faltava o perfil Racional, que é o perfil voltado para os aspectos que eram os seus maiores gaps /lacunas. Ao longo dos meses seguintes valorizaram e reforçaram a importância deste perfil, pois aqueles poucos que demonstravam ter este perfil acabavam por não terem voz ativa na empresa – não eram valorizados devidamente. Remanejaram ainda as atividades de acordo com cada perfil e estabeleceram que novas contratações deveriam priorizar os estilos como premissa para ganharem maior equilíbrio e harmonia em todos os setores da empresa. Hoje a empresa encontra-se com os pedidos em dia, com a equipe mais motivada e engajada, e os produtos e serviços reconhecidos – novamente – como de alta qualidade.

Como afirmei anteriormente todos os papéis gerenciais são fundamentais e suficientes para o sucesso de uma organização. O desafio é compreender e utilizar adequadamente em cada ciclo o (os) papel (eis) que reúne (m) as aptidões relacionadas. Isto acontece, evidentemente, pelo fato que as pessoas possuem, na sua grande maioria, um papel predominante ou principal e um auxiliar como já tratado anteriormente.

Como qualquer talento, empreender envolve pratica e treinamento e muita persistência, vencendo obstáculos, tendo prejuízos, algumas vezes até falência. A atitude será superar estes obstáculos e manter-se persistente.

É evidente que algumas pessoas reunirão um conjunto maior de aptidões para empreender. Aqueles que reúnem aptidões pragmáticas e visionárias juntas em seu perfil terão maiores condições pois possuem competências para as três fases de desenvolvimento de um negócio (modelagem, infância e mercado). Esta análise justifica-se pois as três fases iniciais são fundamentais e podem garantir o sucesso visto que a quarta fase é uma evolução em um negócio que conseguiu se firmar no mercado. O grande desafio é passar pela infância evitando a chamada "mortalidade infantil".

Quadro 13: Grau de aptidão dos estilos nos três primeiros ciclos

Alto grau de aptidão	Grau médio de aptidão	Baixo grau de aptidão
Visionário/Pragmático	Pragmático/Afetivo Pragmático/Racional Visionário/Racional Visionário/Afetivo Visionário/Afeito/ Pragmático	Racional/Afetivo

Elaborado pelo autor

A estrutura psíquica representada pela combinação das aptidões de um visionário/pragmático, faz com que busque concretizar (pragmático) oportunidades (visionário). O exemplo mais conhecido deste perfil foi Steve Jobs, mas temos muitos empresários que constroem grandes conglomerados ou empresas com grande número de produtos, pois esta energia psíquica é incessante, sempre em movimento. O cuidado que este perfil deve ter é a falta de limite e senso de realidade (ausência das aptidões racionais) levando muitas vezes ao risco excessivo, é por esta razão que as aptidões racionais surgem como necessário na próxima fase (profissionalização), para ajudar o empreendedor na organização dos processos e controles. Temos muitos exemplos deste risco no perfil visionário/pragmático. O caso do empresário Eike Batista é um destes exemplos da ausência de limite neste perfil, o seu conglomerado econômico de quase 20 empresas espalhados por diversos segmentos ruiu em 2012 (portos, petróleo, gás, hotel, estádio de futebol, mineração, etc.).

Seu oposto, os racionais/afetivos possuem o menor grau de aptidão, pois buscam certeza, previsibilidade e segurança e por isso muitos procuram no emprego público para atender suas demandas psíquicas.

Entre os casos que atendi encontrei apenas um caso de perfil com aptidões racionais/afetivas que tenha empreendido. O contexto envolvido favoreceu a decisão de empreender, neste caso, este profissional trabalhou por vinte anos em uma empresa, durante este período ele frequentava semanalmente como cliente um tipo de negócio de serviços. Durante este tempo fez amizade com o dono e seu filho. Quando precisou sair do seu emprego foi convidado para entrar como sócio neste negócio no lugar do pai que decidiu se aposentar. Dois fatores contribuíram para que este perfil ousasse em entrar como sócio, o fato de conhecer muito bem o negócio e o novo sócio o que diminuíram suas incertezas e medos típicos deste perfil.

Em outro caso de coaching um empresário com aptidões que formavam um estilo visionário/afetivo/pragmático estava na terceira fase do desenvolvimento do seu negócio (mercado). Sua dificuldade era gerir pessoas nesta fase de crescimento, estava sendo, também, assediado por pessoas que gostariam de fazer parte do seu negócio. Após algumas sessões de coaching ficou evidente que seu perfil tinha dificuldade de impor limites, colocar regras e definir papéis dos colaboradores. O fato de ser um perfil triplo isto ocasiona uma diluição do pragmático, aptidão necessária para dar foco e direcionar o rumo necessário pois estas três primeiras fases necessitam de um perfil mais autocrático.

Os estilos com grau médio atendem parcialmente as aptidões, ou pela ausência do pragmático, necessário na segunda e terceira fase, ou do visionário, também necessário na primeira e na terceira fase.

Esta abordagem não visa estimular ou desestimular este ou aquele perfil, mas contribuir para a compreensão das facilidades e dificuldades que cada perfil terá ao empreender permitindo, desta forma, buscar algum tipo de apoio ou solução. Negligenciar uma fraqueza é um erro muito comum e poderá ser determinante para o insucesso. Mesmo os visionários/pragmáticos que possuem aptidões para as três primeiras fases precisarão dos racionais para o processo de profissionalização. O conhecimento do perfil pode, também, contribuir para escolha de sócios, contratação de colaboradores e até mesmo para a escolha do tipo de negócio.

12.5   Aptidões para inovar e gerar mudança

A inovação é, hoje, reconhecida como "o ingrediente mais importante em qualquer economia moderna". (The Economist 2007).

Embora a sociedade ocidental tenha valorizado bem mais o pensamento critico e analítico representado pelo padrão racional, o valor do pensamento criativo tem sido cada vez mais reconhecido dentro das organizações e na sociedade como um todo. (Quinn, et al). O pensamento criativo está no cerne de três competências: 1) capacidade de inovar e mudar, 2) pensar sistêmico e 3)estratégico. Por esta razão o visionário está relacionado à capacidade de uma organização se renovar.

Adizes (2004) diz que se a organização perder a força empreendedora (visionário), se continuarem apenas aproveitando o impulso em vez de realimentá-lo, sua taxa de crescimento irá declinar, e finalmente a vitalidade organizacional deixará de crescer. Neste momento os visionários começarão a abandonar a organização, dando início à plenitude final ou declínio. O inicio do declínio marca o crescimento em poder das áreas de apoio como jurídico, financeiro, etc. O ambiente fica mais formal, as regras ganham mais importância.

Talvez as aptidões visionárias sejam as menos conhecidas do que os outros três grupos. Muitos fatores contribuem para isto: Mitos sobre criatividade, deficiência dos inventários tipológicos existentes nos mercados em reconhecer este padrão, além do amplo domínio que ainda exerce o pensamento racional. A escola sistêmica (de natureza visionária) foi a ultima a se apresentar dentre as escolas da administração. O tema do pensamento sistêmico, outra aptidão dos visionários, adentrou-se nas conversas de gestão, contribuindo para evidenciar ainda mais a importância deste padrão.

Figura 6: Pensamento crítico e criativo

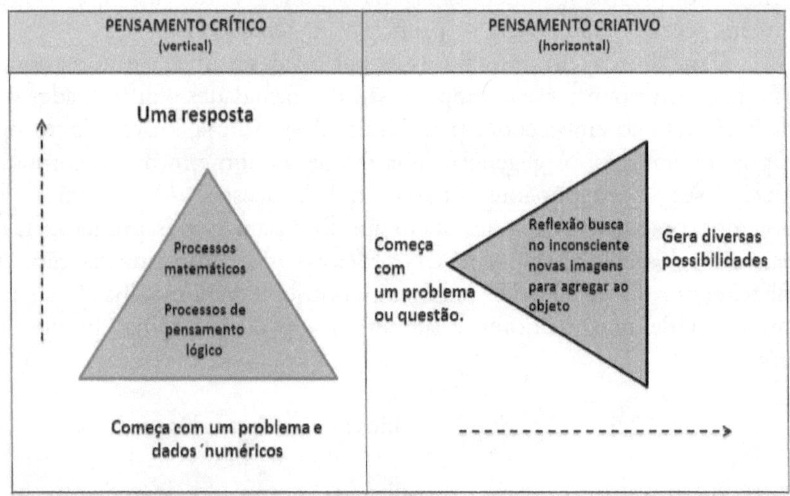

Adaptado pelo autor de Quinn -

Além da inovação, a mudança é um dos desafios que a gestão contemporânea trouxe para o convívio da organização. A globalização, a competividade crescente, as mudanças tecnológicas, influência do mercado asiático, vem gerando uma cadeia de mudança constante nos ambientes organizacionais. As estruturas, os canais, os cargos, portfólios, etc. precisam alinhar-se constantemente às demandas do mercado.

As empresas da era do conhecimento possuem estruturas muito mais flexíveis, nasceram com outro "DNA", organizam-se por projetos, demandam mais relação horizontal, valorizam projetos individuais, são completamente diferentes das organizações "industriais". Organizações do conhecimento estão mais preparadas para cenários incertos, pois embarcam mais facilmente nas ondas que as mudanças geram. Por outro lado, as organizações da era industrial têm passado por muitas mudanças desde a década de noventa do século passado. Lembro que meus primeiros dez anos de carreira o ambiente nas organizações eram muito mais estáveis. A informatização já havia começado, mas ainda restrita aos computadores de grande porte (mainfraime).

Perfis com aptidões para gerar mudança e inovação: Visionário certo na mudança certa

Se você quer gerar mudança ou até mesmo garantir renovação contrate para sua equipe um visionário, mas antes disso pense no tipo de mudança ou inovação que você quer gerar. É possível desenhar um estilo mais apropriado para o desafio que você precisa implementar. Analise a possibilidade de buscar o melhor estilo, o melhor resultado aptidão versus tarefa possível. Os desafios envolvidos são urgentes na agenda da organização, é questão de sobrevivência, uma reestruturação faz-se necessário? Neste caso um visionário/pragmático terá mais apto. Se a mudança exigir planejamento, controle, segurança, precisão, além de processos complexos, então um visionário/racional será o estilo que reúne as melhores condições. Se a necessidade é engajar as pessoas, melhorar o nível de motivação, minimizar conflitos, reposicionar pessoas, o estilo mais adequado é o visionário/afetivo.

Quadro 14: Perfis e capacidade de inovar e mudar

Estilo com Visionário (qualquer combinação, primeiro ou segundo)	Foco da mudança/inovação
Visionário/Racional	Gerar mudança e inovação em produtos, processos, sistemas, regras e normas. Projetos complexos e detalhistas. Mudança que envolve segurança e precisão.
Visionário/Pragmático	Gerar mudança e inovação em organizações, áreas, estruturas, mercados, produtos e portfólios. Mudança com velocidade e foco e sem risco de

	paternalismo.
Visionário/Afetivo	Gerar mudança em estruturas e pessoas (pessoa no lugar certo), mentoring e coaching. Visionário/afetivo prioriza a mudança procurando o melhor nas pessoas.
Visionário/Afetivo/Pragmático	Combina três funções no processo de mudança; estrutura, produtos, mercados e pessoas, fornecendo foco e ritmo.

Elaborado pelo autor

12.6   Equipes talentosas

Moscovici (1994) afirma "que pode ser considerado equipe um grupo que compreende seus objetivos e está engajado em alcançá-los, de forma compartilhada. A comunicação entre os membros é verdadeira, opiniões divergentes são estimuladas. A confiança é grande, assumem-se riscos. As habilidades complementares dos membros possibilitam alcançar resultados, os objetivos compartilhados determinam seu propósito e direção. Respeito, mente aberta e cooperação são elevados. O grupo investe constantemente em seu próprio crescimento". E para finalizar, Moscovici diz que um grupo transforma-se em equipe quando passa a aprestar atenção à sua própria forma de operar e procura resolver seus problemas.

Podemos observar a partir do conceito estabelecido acima a importância de uma equipe conhecer suas forças, riscos e fraquezas. Por outro lado esta pratica não parece ser de ampla utilização, poucas empresas investem neste tipo de mapeamento para suas equipes. O desconhecimento das forças e fraquezas poderá levar ao desalinhamento do estilo com a tarefa, este alinhamento é o pressuposto básico para um bom trabalho em equipe, pessoa certa no lugar certo.

"Fora do lugar, até Michael Jordan e Ronaldinho viram cabeças-de-bagre"[27]. Pergunta a matéria: Você já imaginou se o Ronaldinho jogasse no seu time? Maravilha, não? Mas, que tal se, em vez do ataque, ele fosse escalado para o gol, ou mesmo para a defesa? Desperdício, no mínimo.

---

[27] Manchete da matéria: http://exame.abril.com.br/revista-exame/edicoes/641/noticias/fora-do-lugar-ate-michael-jordan-e-ronaldinho-viram-cabecas-de-bagre-m0047558 - consulta em 24/07/2016.

Agora, pense em como as organizações tratam do tema? .A matéria, aqui citada, conta a história de uma indústria no sul do Brasil que aplicou a ferramenta P.I. em toda a sua equipe. A empresa descobriu, por exemplo, que apenas seis de seus 60 vendedores eram aptos para a área de vendas. A empresa levou um ano para remontar o setor de vendas, remanejando e contratando funcionários. Conta um colaborador que trabalhou durante quatro anos colocando produtos nas gôndolas de supermercados. É uma função que exige uma pessoa detalhista e paciente. "Sou o oposto disso". Extrovertido e ativo, foi removido para a área comercial. Em menos de um ano, aumentou em mais de 50% as vendas da empresa na Zona Sul de Porto Alegre, o faturamento global dos anos seguintes aumentou em 25%.

Se nenhum indivíduo possui todos os pontos fortes, é o trabalho em equipe com estilos complementares a melhor forma de desenvolvermos eficácia pessoal e coletiva.

A descoberta do trabalho em equipe, segundo Adizes, não deveria espantar tanto, afinal de contas todos nós conhecemos bem a loja do Papai e Mamãe. Tradicionalmente Papai comprava, negociava, fixava preços e proporcionava liderança comercial (Pragmático/racional). Mamãe fazia a contabilidade, fazia criticas construtivas, apaziguava fregueses e empregados, mantinha a motivação, agia como suporte, uma racional/afetiva.

Em termos da composição de estilos em uma equipe Adizes (1989) sugere que sua composição seja complementar, com algum equilíbrio entre os estilos.

Whitelaw et al (2008) diz que as melhores equipes são misturadas, ela precisa de todos os padrões para alcançar a excelência. As equipes se prejudicam com a ausência ou excesso de qualquer um dos padrões. Dessa forma é necessário conhecer alguns requisitos em termos de aptidões que a tarefa exige. Se for uma área financeira ou administrativa, o padrão racional será o principal na sua composição. Buscar uma composição de racionais com afetivos, visionários e pragmáticos ajudará a equipe no seu equilíbrio. Uma composição, abrangendo todos os papéis e valores gerenciais, contribuirá para melhores resultados em todos os campos. O desequilíbrio na composição de uma equipe poderá trazer muitos problemas, veja alguns: muitos conflitos (excesso de pragmáticos, ausência de afetivos), ausência de resultado (excesso de afetivos, pouco pragmáticos), burocracia (excesso de racionais, ausência de visionários).

Cada área normalmente se estrutura com um padrão básico: Áreas administrativas (racional), marketing e áreas criativas (visionário), comercial (pragmáticos), recursos humanos (afetivos). É evidente que outros padrões poderão atuar nestas áreas, existem muitas outras situações que podem conduzir a outro perfil, tal como uma área comercial com uma venda técnica ou mais passiva, poderá comportar um estilo diferente do pragmático.

Whitelaw (2008) destaca que quando uma equipe está se formando, a energia do Afetivo é especialmente importante para construir a base de confiança e respeito do grupo. A equipe precisa ter um propósito (Visionário), metas (Pragmáticos) e processos para seguir a diante (Racionais).

Adizes (1989) diz que o requisito é ter indivíduos que possuam qualidades empreendedoras integradoras (visionários/afetivos) capazes de guiar uma organização unida em novos cursos de ação; de administradores (racionais) que possam traduzir ideias dos empreendedores em sistemas operativos que produzam (pragmáticos) resultados e de produtos que façam o sistema funcionar.

Um coordenador, estilo racional/visionário, me procurou para conversar sobre uma dificuldade. Coordenava a área responsável pelo planejamento de produção de três plantas de produção, a equipe contava com onze integrantes além dele. Ele me contou que se sentia sobrecarregado, muitos relatórios com problemas, dados não atualizados, etc. Resolvemos mapear os estilos da equipe. Na reunião seguinte com a pesquisa aplicada analisamos e percebemos que dos onze integrantes, apenas um possuía o perfil racional. Desta forma uma equipe que necessitava do padrão racional para garantir bons processos tinha na sua composição um racional/visionário e um racional/pragmático e nove combinações sem o padrão racional. A solução seria uma renovação buscando estilos com o padrão racional.

12.7   Talento para liderar: O que define um líder: estilo ou valores?

Liderança é outro tema carregado de mitos e confusões por supervalorizar certas características e desconsiderar outras causando angustia e dificultando certos perfis de desenvolverem seus potenciais. Quando abordo este tema durante aulas e workshops utilizo um filme que fala de diversos mitos, que vou abordar abaixo, procurando dissipar esta confusão, e como resultado, é possível perceber o quanto isto gera de aprendizado sobre o real potencial que todos os perfis possuem para liderar.

Para liderar é necessário influenciar muito mais pelo exemplo e qualidades que estimulam os outros de dentro para fora, assim todos poderão dar o melhor de si, e isto não está relacionado diretamente com perfil, mas com valores e a forma que você conduz seu trabalho.

Souza (2012) afirma que existem muitos mitos que nos amarram impedindo que se exerça a liderança, "precisamos demolir estes mitos bastante enraizados e difundidos pelo senso comum, que não correspondem necessariamente ao bom-senso".

Os mitos sobre o perfil da liderança

Mito 1: Líder é quem ocupa cargo

O cargo pode gerar responsabilidade de exercer a liderança, mas as qualificações e forma de atuação são diferentes. O cargo implica em algumas responsabilidades, tal como acompanhar os resultados, cuidar de questões específicas, mas liderança significa envolver pessoas, gerar um ambiente que as pessoas façam por elas mesmas. Gosto de definir liderança como um campo psicossocial, onde necessariamente todos os membros de uma equipe podem e devem atuar. Vivemos um novo contexto de organizações mais horizontais e os líderes mais eficazes não são aqueles que ocupam uma "caixinha" específica na estrutura, mas os que têm melhores relacionamentos e servem de exemplo, por isso conseguem mobilizar as pessoas. Cabe ao gestor, detentor do cargo, ao exercer liderança, facilitar um ambiente que todos possam liderar situacionalmente. Como um jogo de futebol, se um zagueiro estiver em excelente condição para fazer um gol ele não vai passar a bola para o centroavante por ele ser o atacante do time. Aguiar (1988) afirma que liderança envolve aceitação voluntária da sua influência ajudando o grupo a caminhar na direção dos seus objetivos, esta influência, inclusive, deve fluir de forma unilateral e não emana da sua posição na hierarquia.

Mito 2: Liderança é inata.

Não existe nenhum estudo que justifique este mito. Esta crença conduz a inúmeros erros em processos de seleção, promoção e desenvolvimento. É provável que esta confusão esteja associada a carisma e extroversão, mas mesmo estas pessoas que aparentam uma forte liderança precisam aprender a liderar. "Fulano nasceu líder", essa crença se tornou um modo eficiente de castrar o potencial de uma pessoa diminuindo sua autoestima e fechando as portas para ela exerça sua parcela de influência. A experiência que a maturidade pode trazer é fundamental para o aprendizado de um líder, é difícil para alguém muito jovem que está buscando se afirmar no início da sua carreira não cometer erros que dificulte seu papel de líder. A capacidade de liderança vai se fortalecendo quando sua carreira está mais consolidada e isso ocorre mais em torno da meia idade após a crise dos quarenta anos. Após esta fase sua vida e carreira estão mais consolidadas e desta forma suas condições para ser um mentor aumentam significativamente.

129

Mito 3: Carisma e extroversão são fundamentais.

Não há dúvida que estes componentes podem ajudar em muitas circunstâncias, mas não são definitivos. Você seguiria uma pessoa carismática se ela não inspirasse confiança? O perfil do líder depende da natureza da área em que ele vai atuar. Uma área comercial vai exigir um perfil mais extrovertido, mas uma área técnica como engenharia, contabilidade, finanças, etc. talvez não. Nestes casos poderá ser indicado alguém não tão extrovertido e que tenham um alinhamento maior com a natureza do trabalho e da própria equipe.

Em matéria publicada em jornal[28] relata o caso do sucesso de um jogador de futebol que exerceu seu papel como um "líder silencioso". "Ele me ajudou muito naquele episódio da zona de conforto". "Estava chegando, tímido, quase sempre calado, mas puxava os companheiros, especialmente a gurizada, para conversar em particular. Eu fui saber disso muito tempo depois". "A frieza dele passa segurança para os jogadores, mas a postura, a conduta e o exemplo "falam" mais alto — resumiu um integrante da equipe.

Estava ministrando workshop de coaching em uma equipe bastante técnica, um dos participantes era responsável por muitos controles e acompanhamentos. Chamou-me a atenção que o gestor, bastante introvertido, era percebido pela equipe com alto grau de liderança. A análise da situação foi fundamental para meu aprendizado sobre liderança e perfil. O gerente era um racional/afetivo, este perfil tende a passar muita seriedade e confiança pelo seu compromisso com regras e acordos (racional) e também pela empatia (afetivo). Atendi, em processo de coaching, um gestor que necessitava planejar sua aposentadoria. Estava muito consciente, visto que sua saída havia sido muito bem planejada em comum acordo com a organização. Ele gerenciava uma espécie de produtora que necessitava de profissionais com alto perfil técnico e muitos artistas, alguns com perfil extrovertido e outros com um ego bem "expressivo". A liderança e capacidade de gestão era um ponto alto do seu trabalho. Sua maturidade e longa experiência no ramo eram fatores importantes para o seu sucesso, mas seu perfil racional/afetivo certamente foi determinante. Seu estilo favoreceu, pelo lado técnico (racional), pela empatia (afetivo) e por ser ambivertido ajudou a lidar com um ambiente de muitos introvertidos (técnicos) e extrovertidos (muitos artistas).

---

[28] http://zh.clicrbs.com.br/rs/esportes/inter/noticia/2015/11/lideranca-silenciosa-de-juan-e-trunfo-para-o-inter-contra-a-chapecoense-4908386.html# acesso em 21/07/2016

Mito 4: Líder forma seguidores

A necessidade de comando trazida pelas situações de guerra, muito difundida por filmes, criou a ideia de que um bom líder forma muitos seguidores. Heróis atuando em situações dramáticas realmente necessitam de seguidores. No contexto organizacional contemporâneo esta ideia tornou-se um grande limitador. Na era do conhecimento, em um ambiente competitivo, complexo e de mudanças constantes, todos precisam exercer liderança. Um líder necessita desenvolver o potencial e a autonomia das pessoas, querer controlar o ambiente e as pessoas ou centralizar o poder dificultará o desenvolvimento das pessoas. Um líder ou gestor exerce um grande poder ou influência, isto é inerente ao seu papel de normatizar o ambiente, este poder poderá ser exercido para desenvolver ou para controlar. As pessoas "seguirão" aquele líder que fizer a diferença em suas vidas, desta forma o papel do líder é formar outros lideres.

Existe um estilo ideal de liderança?

O estudo de caso acima mostra o quão situacional poder ser a definição de um estilo ideal. São as necessidades que o papel demandam é que determinarão um estilo ideal. Lembro-me de atender um gerente comercial (pragmático/afetivo) demitido de uma organização. Sem dúvida era um grande líder, mas a organização desejava reestruturar totalmente a área. Isto implicava em desmontar uma grande estrutura composta por representantes, lojas conveniadas e vendedores. Esta estrutura foi construída em sua grande maioria por este profissional. Um desafio muito difícil para um perfil afetivo que certamente criou muito vínculo com as pessoas que faziam parte da estrutura. Neste caso um perfil pragmático/visionário cumpriria bem melhor o papel de reestruturar esta área comercial.

O perfil ideal sempre será situacional e a avaliação das necessidades e desafios é o que o desenhará. Dessa forma a aptidão ou estilo de um líder definirá qual situação ou contexto ele poderá exercer melhor sua liderança. Como o estilo é muito definidor do desempenho de um profissional não podemos deixar de analisar o quanto este estilo está ou não alinhado com as demandar do papel. Cartwright e Zander (1968) apud Aguiar (1988) afirmam que a natureza da liderança e os traços dos lideres serão diferentes de grupo para grupo. Ao analisarem os resultados de pesquisas dos traços de liderança, mostram que os pesquisadores desta área indicam que, embora algumas capacidades mínimas sejam comuns a todos os líderes, elas estão presentes nos não líderes. E em dada situação, os traços de um líder são totalmente diversos dos traços de outro líder em situação diferente.

131

Os Diversos de estilos de liderança

Tendo em vista o exposto acima é necessários reconhecer que existe uma diversidade de estilos de liderança e que este estilo está relacionado à demanda situacional de um grupo ou tarefa. Outra conclusão é que o essencial no papel de liderança está mais relacionado a valores como integridade e capacidade de gerar confiança. Abaixo poderemos perceber o quão diverso estes estilos podem ser.

Quadro 15: Estilos de liderança

Visionário/ Afetivo	Espontâneo, rápido, estilo de quem envolve as pessoas e lidera com uma visão de futuro. Carismático e bom comunicador. Serve a um propósito maior, voltado para os seres humanos. O líder desse estilo costuma ser aberto, amigável e "viajante". Vê o todo e as partes colocando cada talento no seu lugar. Inquieto está sempre procurando desafios de mudança, reestruturações e inovação.
Visionário/ Racional	Flexível e confiável. Carismático e bom comunicador. Estilo de quem traz ordem ao caos, dando forma a imaginação. Dedicado a princípios ou um propósito maior, faz o que é certo pensando na grande figura. Mais introvertido, sua liderança acontecerá mais pela confiança e capacidade técnica de combinar a geração de mudança com a preocupação em procedimentos e precisão em dados e fatos.
Visionário/ Pragmático	Vê oportunidade na grande figura, estilo de quem pensa grande e age rápido. O clima de urgência atende a um propósito maior. Vence por uma causa. Percebe oportunidades de mudança e inovação em estruturas, portfólios ou nos mercados e põe em prática.
Racional/ Pragmático	Firme, exigente, correto e responsável – um líder organizado e de ação. Estilo de quem planeja, com uma lista de pendências sem-fim. Estilo de pensamento analítico questionador. Combina planejamento, organização e ação.
Racional/ Visionário	Aberto e consciencioso, estilo de quem vive e lidera com propósito e consegue, também, abrir mão do controle e sentir o fluxo. Introspectivo, o líder desse estilo vê a grande figura e vai atrás do seu objetivo com planos, processos e listas de tarefas. Combina planejamento e melhoria no processo.
Racional/ Afetivo	Responsável e leal, normalmente movido pela necessidade de ajudar as pessoas. Lidera através da confiança pelo senso de justiça e correição. Estilo de quem faz o que é certo em termos humanos e práticos, trabalhando mais pessoalmente do que coletivamente. Pode ser um gentil diplomata. Organiza e administrada envolvendo as pessoas.
Afetivo/ Visionário	Bem relacionado que adora brincar e se deixar levar pela corrente, estilo de quem tem imaginação fértil e bom humor. Percepção aguçada das pessoas, percebe seus talentos e dificuldades. O líder desse estilo vai bem com o público e consegue fazer combinações incomuns de ideias e pessoas.
Afetivo/	Ousado, engraçado e empolgado, um estilo que se faz notar. Os líderes

Pragmático	desse estilo se empenham e desafiam os outros, com metas ambiciosas e vitórias. Um estilo que traz diversão e foco para o trabalho. Mobiliza pessoas e suas competências para ação.
Afetivo/ Racional	O perfeito treinador de equipes; é o estilo que combina a energia da confiança com formas estruturadas de realizar as coisas. Alto senso de justiça, faz o que é certo gerando ambiente de confiança.
Pragmático/ Racional	Direto, preciso, geralmente crítico em relação a si e aos outros, esse é o estilo do líder realizador, que estabelece metas, elabora processos e faz o que é certo com um forte clima de urgência.
Pragmático/ Afetivo	Um líder dedicado, realizador, envolvente. Estilo de quem é determinado, firme, mas também divertido, trazendo um toque humano para uma programação geralmente ambiciosa. Capaz de mobilizar e motivar pessoas na busca de resultados.
Pragmático/ Visionário	Busca oportunidade de novas vitórias. Estilo de quem é guiado por uma missão, estrategista com visão de futuro e metas bem definidas. Alternadamente vigoroso e descontraído, o líder desse estilo parte para ação quando sente que é o momento certo. Ágil diante de novas oportunidades muitas vezes vai à frente da equipe. Reestrurador e renovador desafiará constantemente a equipe.
Visionário/ Afetivo/ Pragmático	Espontâneo, rápido, estilo de quem envolve as pessoas e lidera com uma visão de futuro. Capaz de mobilizar e engajar pessoas combinando sentido, propósitos e metas. O líder desse estilo costuma ser aberto, amigável e dinâmico. Integra pessoas na busca de resultados e geração de mudança e inovação. Um líder dedicado, realizador, estratégico, envolvente, trazendo um toque humano para uma programação desafiante.

Anexos: Guias para identificar aptidões

Anexo 1: Guia de observação e identificação de aptidões para crianças.

Este guia para ser usado baseado na observação do comportamento da criança, visto que ela ainda não possui uma experiência de vida e educacional que tenha colocado a prova suas principais habilidades. Por isso recomendo este guia para crianças de um ano até o ensino fundamental, pois a partir de um ano de idade já possível observar comportamentos que indiquem suas aptidões.

É mais fácil começar a inventariar pelo grupo de aptidões que são o padrão principal da criança, pois estas características serão mais evidentes. E em seguida analise o grupos de aptidões que apoia a principal. As aptidões que apoiam vão acrescentar e modificar algumas características do grupo principal.

Grupo de aptidões racionais como principal: Crianças com este padrão principal já demonstram necessidade de organizar seus brinquedos e muitas vezes gostam de brincar sozinha. Se ela é totalmente desorganizada é praticamente certo que não possuirá este padrão. São mais sérias e podem se irritar com mais facilidade, são mais disciplinadas, seguem regras com mais facilidade e tendem a ser mais introvertidas. Na escola terão mais facilidade em prestar atenção e realizar atividades rotineiras. Seu maior grau de responsabilidade e disciplina ajudará na escola. Poderá apresentar um corpo mais magro e fino. Sua atenção tende a ser mais ficada.

Quando apoiada por aptidões pragmáticas tornará a criança mais ativa e determinada. Diminuirá o nível de introversão do racional. Aumentará seu nível de organização e necessidade de cumprir regras Se tornará mais exigente, crítica e em algumas vezes com traços de rigidez. Poderá aumentar o grau de irritação.

Quando apoiada por aptidões visionárias tornará a criança racional imaginativa e como um pequeno cientista vai se interessar em determinados campos de conhecimento. Quando brincar se concentrará em detalhes. Como um pequeno engenheiro gostará de manusear "ferramentas" e desmontar seus brinquedos. Formará um perfil mais introvertido e indeciso.

Quando apoiada por aptidões afetivas: tornará a criança racional mais dócil e sensível. Esta combinação faz com tenha um senso de justiça nas relações. Tornará o perfil menos introvertido. A criança poderá expressar medo e pouco arrojo.

Grupo de aptidões afetivas como principal: São alegres, expansivas, extrovertidas e sempre estão buscando outras crianças para brincar. Buscam companhias e preferem fazer coisas junto com pessoas. São mais impulsivas, dramáticas e medrosas. Cansadas, com fome ou com sono mudam de humor. Muito falante poderão ter mais dificuldade em se concentrar por muito tempo nas tarefas. Seu rosto e corpo poderão apresentar afeições mais arredondadas.

> **Quando apoiada por aptidões pragmáticas** tornará uma criança mais impulsiva e dramática e até medrosa. Muito ativa e afetiva será uma referencia de liderança mobilizadora. Na escola poderá ter dificuldade em se concentrar por muito tempo em uma atividade.
>
> **Quando apoiada por aptidões visionárias** tornará a criança mais carismática e envolvente. Será bastante desorganizada com muitos brinquedos espalhados. Muito imaginativa e criativa mudará mais rapidamente de brinquedo. Expressará muita necessidade de criar através de desenhos e construção de brinquedos.
>
> **Quando apoiada por aptidões racionais** tornará a criança afetiva com alto senso de justiça e ajudará o afetivo no senso de organização e lógica. Diminuirá um pouco a impulsividade e o drama do afetivo.

Grupo de aptidões visionárias como principal: São crianças imaginativas, criativas e reflexivas. Enjoam-se mais rapidamente e gostam de mudar de brincadeira. Buscam criar constantemente, necessitam de experiências novas frequentemente. Vai se interessar em conhecimentos gerais e expressar uma inteligência conceitual. Podem ser arrogantes e pretensiosas. Sua atenção é mais aberta e não focada.

> **Quando apoiadas por aptidões pragmáticas** fará com que a criança defenda suas ideias com força. Terá facilidade de confrontar os outros e poderá aumentar a arrogância.
>
> **Quando apoiada por aptidões afetivas** tornará a criança carismática, sensível e às vezes ingênua. Será desorganizada, sua atenção é mais aberta e terá dificuldade para se concentrar por muito tempo em uma tarefa.
>
> **Quando apoiada por aptidões racionais** fará uma criança se interessar por conhecer temas específicos e detalhes, poderá se tornar prolixa e indecisa. Neste caso sua atenção poderá ser mais

focada.

Grupos de aptidões pragmáticas como principal. São crianças extrovertidas, muito ativas e competitivas, gostam de esportes e tudo mais que tem muita atividade. Impõe-se e confrontam com naturalidade. Podem demonstrar mais teimosia e agressividade que outras crianças. Seu corpo será mais musculoso para suportar o ativismo físico.

> **Quando apoiada por aptidões racionais** poderá ser uma criança muito ativa, pratica e direta. Muitas vezes poderá apresentar comportamentos ríspidos e até grosseiros.
>
> **Quando apoiada por aptidões visionárias** tornará o padrão pragmático mais competitivo e defensor das suas ideias. Poderá aumentar o nível de arrogância, vai confrontar e se impor com mais facilidade.
>
> **Quando apoiada por aptidões afetivas** suavizará a necessidade de confronto do pragmático. Seu lado mais afetivo e carinhoso aparecerá de forma um pouco desajeitada no inicio da infância.

Anexo 2: Inventário de identificação das aptidões e inaptidões para estudantes

Agora você é convidado a responder a um inventário que o auxiliará a conhecer o seu estilo e grupos de aptidões.

Escolha a afirmação que mais lhe diz respeito, e atribua 6 pontos a ela. Em seguida, escolha a que menos lhe diz respeito, e atribua 1 ponto. Para as outras opções, atribua 4 pontos na que colocaria como segunda opção, e 3 pontos na restante.

Após ter respondido a todas as perguntas, transfira a pontuação para a grade abaixo.

Distribuição da pontuação:
6   para a afirmação que mais lhe diz respeito.
4   diz respeito de forma moderada.
3   diz pouco respeito a minha forma de ser.
1   não diz respeito a minha forma de ser.

Nº	Questões	A	Pontos	B	Pontos	C	Pontos	D		Pontos
1	**Como características pessoais, eu sou:**	Imaginativo e cheio de ideias.	V	Decidido, prático e competitivo.	P	Organizado, detalhista e realista.	R	Empático, sensível e emotivo.	A	
2	**Prefiro atividades em que eu possa...**	Dar novas ideias.	V	Planejar e analisar os detalhes.	R	Que eu possa fazer com as pessoas.	A	Atividades que eu possa me dastacar.	P	
3	**Gosto das aulas que:**	Aulas práticos que eu possa aplicar.	P	Aulas participativas e trabalhos em equipe.	A	Auslas com novos conheimentos e ideias. .	E	Aulas bem planejadas.	R	
4	**A situação com a qual mais me identifico é:**	Sou batalhador. Faço o que precisa ser feito.	P	Sou prestativo. Gosto de integrar as pessoas.	A	Sou lógico. Sou muito exigente comigo mesmo e com os outros.	R	Sou imaginativo, sonhador, gosto de inovações.	V	
5	**Fico mais preocupado quando:**	Há excesso de coisas a fazer e falta de tempo.	P	Falta compreensão e tolerância entre as pessoas.	A	Tenhos muitas coisas para fazer, não não consigo criar com esta pressão.	V	Está tudo desgorganizado, não consigo trabalhar assim.	R	
6	**Os temores que tenho são principalmente devidos a:**	A. Estar errado e ter que improvisar.	R	B. Perder a aprovação e o afeto dos outros.	A	C. Enfrentar situações de confronto entre as pessoas.	V	D. Parecer fraco e perder o controle da situação.	P	
7	**Fico feliz quando:**	A. Obtenho resultado mais imediato.	P	B. Encontro novas oportunidades.	V	C. Posso ser exato em minhas análises.	R	D. Coopero com as pessoas.	A	
8	**Os meus horários são:**	A. Exatos e precisos, conforme estabelecido.	R	B. Flexíveis, se for para me ajustar aos outros.	A	C. Flexível para me ajustar as situações e possibilidades.	V	D. Primeiro a chegar, último a sair.	P	
9	**Nos grupos costumo ter o papel:**	A. Apoio e animação.	A	B. Organizador.	R	C. Realizador.	P	D.Sintetizador.	V	
10	**Eu exagero (e isso é ruim) quando:**	A. Tenho pressa para tudo e atropelo os outros.	P	B. Prendo-me muito a detalhes e sou exigente demais.	R	C. Deixo sempre a vontade dos outros prevalecer.	A	D. Tenho muitas ideias e dificuldade de por em prática.	V	
11	**Minhas qualidades principais são:**	A. Ordem e disciplina. Perfeição em cada detalhe.	R	B. Ser prestativo e tolerante. Harmonia acima de tudo.	A	C. Rapidez para agir e coragem de "meter as caras".	P	D. Entusiasmar as pessoas e trazer idéias novas.	V	
12	**Nas minhas atividades, uso mais:**	A. As ideias e a imaginação.	V	B. Os dados objetivos e concretos.	P	C. Os sentimentos e as emoções.	A	D. O pensamento lógico e os procedimentos.	R	

140

Trasfira a soma de cada letra da tabela para este quadro e some.

								Totais
Subtotal	P	Subtotal	P	Subtotal	P	Subtotal	P	
Subtotal	R	Subtotal	R	Subtotal	R	Subtotal	R	
Subtotal	V	Subtotal	V	Subtotal	V	Subtotal	V	
Subtotal	A	Subtotal	A	Subtotal	A	Subtotal	A	
						Total geral		128

Anexo 3: Inventário das aptidões e inaptidões para profissionais

Agora você é convidado a responder a um inventário que o auxiliará a compreender o seu modo de lidar com a realidade e com as pessoas e conhecer o seu estilo.

Escolha a afirmação que mais lhe diz respeito, e atribua 6 pontos a ela. Em seguida, escolha a que menos lhe diz respeito, e atribua 1 ponto. Para as outras opções, atribua 4 pontos na que colocaria como segunda opção, e 3 pontos na restante.

Após ter respondido a todas as perguntas, transfira a pontuação para a grade abaixo.

Distribuição da pontuação:
6   para a afirmação que mais lhe diz respeito.
4   diz respeito de forma moderada.
3   diz pouco respeito a minha forma de ser.
1   não diz respeito a minha forma de ser.

Nº	Questões	A	Pontos	B	Pontos	C	Pontos	D	Pontos
1	**Como características pessoais, eu sou:**	A. Gerador de mudanças e inovador.	V	B. Decidido, prático, determinado, dedicado.	P	C. Meticuloso, organizado, cuidadoso, persistente.	R	D. Sensível, empático, inclusivo, respeitador.	A
2	**Prefiro atividades em que eu possa...**	A. Ter a visão geral do projeto. As idéia me motivam a participar.	V	B. Planejar os detalhes. Gosto de analisar as diversas alternativas.	R	C. Buscar que todos concordem e sintam-se motivados a fazer. Se sintam bem fazendo as tarefas.	A	D. O importante é fazer o que tem que ser feito. Gosto dos desafios de fazer, meter a mão na massa.	P
4	**A situação com a qual mais me identifico é:**	A. Sou batalhador. Faço o que precisa ser feito.	P	B. Sou prestativo. Gosto de integrar as pessoas.	A	C.Sou lógico. Sou muito exigente comigo mesmo e com os outros.	R	D.Gosto de dar idéias novas e criativas.	V
5	**Tomo as melhores decisões quando:**	A. Ajo rapidamente.	P	B. Uso Princípios, fundamentos e a visão do todo.	V	C.Utilizo dados e informações.	R	D.Envolvo outras pessoas.	A
6	**Me destaco como:**	A. Sociável.	A	B. Seguro.	R	C. Inovador.	V	D. Pró-Ativo.	P
7	**Considero que realizo minha missão pessoal quando:**	A. Proponho idéias criativas que vão gerar resultados futuros.	V	B. Estruturo regras e procedimentos que organizam as coisas.	R	C. Atinjo as metas e os objetivos no prazo definido.	P	D. Consigo integrar e motivar as pessoas.	A
8	**Produzo melhor quando:**	A. Crio e inovo.	V	B. Programo e organizo.	R	C. Trabalho em grupo.	A	D. Executo.	P
9	**Fico feliz quando:**	A. Obtenho resultado mais imediato.	P	B. Encontro novas oportunidades.	V	C. Posso ser exato em minhas análises.	R	D. Coopero com as pessoas.	A
10	**Encontro grande satisfação quando:**	A. Tudo está em ordem conforme o planejado.	R	B.O ambiente está calmo e as pessoas estão bem integradas.	A	C. Estou no comando das atividades.	P	D. Consigo livrar-me das tarefas para me dedicar aos projetos novos.	V
11	**Nas minhas atividades, uso mais:**	A. As ideias e a imaginação.	V	B. Os dados objetivos e concretos.	P	C. Os sentimentos e as emoções.	A	D. O pensamento lógico e os procedimentos.	R
12	**Estou quase sempre em busca de:**	A. Produção de resultados.	P	B. Organização e cumprimento das regras e prazos.	R	C. Mudanças e novas ideias e oportunidades.	V	D. Integração entre as pessoas.	A

143

Trasfira a soma de cada letra da tabela para este quadro e some.

									Totais
Subtotal	P	Subtotal	P	Subtotal	P	Subtotal	P		
Subtotal	R	Subtotal	R	Subtotal	R	Subtotal	R		
Subtotal	V	Subtotal	V	Subtotal	V	Subtotal	V		
Subtotal	A	Subtotal	A	Subtotal	A	Subtotal	A		
						Total geral			128

Como analisar o resultado dos dois inventários:

O resultado do teste é um ponto de partida na análise do seu estilo, após verificar cada pontuação nos quatro padrões sua análise critica é que realmente validará ou não o resultado.

- Pontuações acima 60 indica a possibilidade de alta intensidade no padrão, poderá apresentar comportamentos típicos de excesso do padrão. Avalie os riscos de excesso desse padrão para confirmar a alta pontuação.
- Pontuação acima de 40 indica possibilidade de aptidão neste padrão.
- Pontuações entre 30 e 40 merecem uma análise para indicar se é um padrão que faz parte ou não no comportamento.
- Pontuações abaixo de 30 indicam inaptidão para este padrão.

Após analisar e concluir em quais os padrões que você possui aptidão indique uma ordem de importância, por exemplo: como resultado meu teste deu para visionário (65), racional (43), pragmático (25), afetivo (35). Após análise você concordou que possui aptidão somente nos padrões visionário e racional, inclusive com risco de excesso no padrão visionário. Desta forma seu estilo é um visionário/pragmático. Leia sobre o estilo no capítulo 6.

A Escola Vida e Carreira

O PROPÓSITO é educar para uma vida plena

A *Escola Vida e Carreira* nasceu em Porto Alegre em maio de 2020 a partir da longa experiência de seu fundador. A sua criação deve-se a união duas expertises desenvolvidas ao longo da vida: a especialização em carreira desenvolvida ao longo de 20 anos e em filosofia e meditação desde 1997. Nestas duas áreas a expressão plena da vida esteve no centro do trabalho, seja alinhando vida e carreira ou buscando o potencial máximo através da filosofia e da meditação.

A escola se dedica a desenvolver o Potencial *Sapiens* do ser Humano que é pleno de sabedoria, paz e felicidade. Neste caminho de autotransformação exploramos o domínio pessoal e a inteligência emocional através do autoconhecimento. O primeiro passo, como Sócrates explorava em seus diálogos, é reconhecer nossa ignorância e dessa forma nos abrirmos para despertar nosso potencial pleno. Nos apoiamos na filosofia, na neurociência e na meditação e oferecemos uma base conceitual e metodológica para auto transformação.

O QUE É A ESCOLA VIDA e CARREIRA: Quais os desafios para nos tornar um ser humano Pleno?

Acreditamos que a jornada rumo à realização plena de nosso potencial como *Homo sapiens* necessita de um esforço consciente que domine e desenvolva os três níveis do cérebro que representam todo nosso processo evolutivo: o cérebro Basal responsável pelas nossas respostas instintivas de sobrevivência, como fome, sede, luta e fuga, o segundo cérebro denominado de límbico ou emocional que é responsável por controlar o comportamento emocional dos indivíduos e por final o Neocórtex responsável pela evolução racional, capaz de introspecção e análise racional. Surgimos na África há cerca de 200 mil anos, em termos evolutivos podemos nos considerar um bebê *sapiens* dando os primeiros passos, nosso ancestrais, por exemplo, os Homo *habilis* e Homo *erectus* levaram cerca de 2 milhões de anos para evoluir até o homo sapiens. Nossa infelicidade, angustia, depressão, falta de sentido, estresse e todos os males que nos afligem são resultados da nossa incompreensão e incapacidade de utilizar plenamente o potencial de nosso cérebro e mente. A neurociência, a filosofia e a meditação nos fornecem esta base capaz de apoiar a continuidade da nossa caminhada evolutiva através da capacitação consciente da nossa atenção e reflexão.

NOSSA VISÃO: você tem consciência de quem você é? Para onde está indo?

Queremos apoiar as pessoas no desenvolvimento do seu potencial *sapiens*. Este caminho de autoconhecimento e autotransformação é longo e desafiante, visto que ele abrange a compreensão da nossa natureza e da natureza da realidade. Por isso esta jornada necessita de professores facilitadores, currículo e metodologia além de uma comunidade de prática capaz de apoiar esta caminhada.

COMUNIDADE DE PRÁTICA: você percebe que está em um caminho de crescimento e realização mais plena da sua vida?

Este caminho de realização plena não é trilhado sozinho, necessitamos de uma comunidade de troca e apoio. Comunidade de prática é um grupo de indivíduos que se reúne periodicamente motivado por um interesse ou objetivo comum de aprendizado e na aplicação do que foi aprendido. Ser membro significa desenvolver um compromisso com o grupo e com as condições favoráveis ao aprendizado.

COMO PODEMOS TE APOIAR? Quais os desafios para nos tornar um ser humano Pleno?

A Escola Vida e Carreira foi criada como um espaço com recursos para nos ajudar a compreender a nós mesmos, para viver mais plenamente nossos relacionamentos, desenvolver uma carreira significativa e dessa forma oportunizar que todos os espaços de vida sirvam como base do caminho de desenvolvimento para nos tornar uma força positiva no mundo através da autotransformação de forma gradual em um Homem *sapiens* pleno.

Fazemos este trabalho através de palestras, workshops, publicações, curso de formação e mentoria. Investimos no resgate da filosofia como caminho de autotransformação atualizada como novas abordagens, principalmente com a neurociência, criamos um currículo amplo e profundo composto por cinco livros.

Referências Bibliográficas

ADIZES, ICHAK – Gerenciando os ciclos de vida das organizações. Editora Pearson, 2004.

ADIZES, ICHAK – Como resolver as crises de antigerência. Editora Pioneira, 197 9

ADIZES, ICHAK – Em busca da plenitude. Editora Pioneira, 1996.

AGUIAR, Maria Aparecida Ferreira. Psicologia aplicada à Administração. Atlas, 1981.

BEGLEY, Sharon. Treine a mente mude o cérebro. Rio de Janeiro: Objetiva, 2008.

BURKHARD, GUDRUN, Biográfico – Editora Antroposófica, 2006 – São Paulo

CAIN, Susan, O poder dos Quietos. Editora Agir, 2012.

CALEGARI, Maria da Luz e GEMIGNANI, Orlando. Temperamento e Carreira. São Paulo: Summus editorial, 2006.

CAMPBEL, JOHN, B.; HALL, S.; CALVIN; lINDZEY, GARDNER – Teorias da Personalidade – Artmed -1998 – Porto Alegre, RS. citação de Hans Eysenck.

CHOWDHURY, Subir. A Era do talento: obtendo alto retorno sobre o talento. São Paulo: Pearson Education do Brasil, 2003.

CLARK, Tin. Business Model for You. Rio de Janeiro: Alta Book, 2013.

COLVIN, Geoff. Desafiando o Talento. São Paulo: Editora Globo, 2009.

COYLE, Daniel, O Segredo do Talento. Rio de Janeiro: Sextante, 2014.

DAMÁSIO, Antônio. O Mistério da Consciência. Cia das Letras, 1999.

DAMÁSIO, Antônio. O Erro de Descartes. Cia das Letras, 1994.

DUCKWORTH, Angela. Garra – Editora Intrínseca, 2017..

HOLYDAY, Ryan. O Obstáculo é o caminho – Editora Rocco – 2014

HOUAISS, Antônio. Grande Dicionário Houaiss. Site www.uol.com.br. 2001.

FEUERSTEIN, Reuven; FEUERSTEIN, Refael S.; FALIK, Louis H. Além da Inteligência. Vozes, 2014.

GALLWEY, W. Timothy. O Jogo Interior do Tênis. Editora Sportbook – 2016.

GLADWELL, Malcolm. Fora de série – Outliers. Rio de Janeiro: Sextante, 2013.

GLAS, Norbert. Os Temperamentos. Editora Antroposófica, 1990.

GOLEMAN, Daniel (Org.). Emoções que curam. Rocco, 1999.

GOLEMAN, Daniel. Foco – Editora Objetiva – 2013- Editora Palas Athena.

JACOBI, Jolande. A Psicologia de Jung. Vozes, 2013.

JUNG, Carl. Tipos Psicológicos. Vozes, 1971.

LAMA, Dalai; GOLEMAN, Daniel. Emoções destrutivas. Campus, 2003.

LEVENFUS, Rosane Schotgues. Orientação vocacional ocupacional. Editora Artmed, 2010.

MINAYO, Maria Cecilia de Souza. Pesquisa Social. Vozes, 1993.

MOSCOVICI, Fela. Equipes dão Certo. José Olympio, 1994.

MYERS, Isabel Briggs. Introdução aos tipos psicológicos. CPP, 1993.

MYERS, Isabel Briggs e Myers, Peter B. Ser humano é ser diferente. Editora Gente, 1995.

NAGARJUNA – Carta a um amigo. Editora Palas Atenas, 1979.

OLIVEIRA, Elton. Estilos Psicológicos – Editora Sulina – 2016

PASQUALI, Luiz. Os Tipos Humanos – A Teoria da Personalidade. Petrópolis, RJ.. Editora Vozes, 2003

QUINN, ROBERT; FAERMAN, R., SUE; THOMPSON, P., MICHAEL, MCGRATH, R., MICHAEL, CLAIR, S. ST. LYNDA - Competências Gerenciais. Editora Campus, 2012.

ROBISON, KEN – O Elemento-chave. Ediouro, 2008.

SHENK, David. O Gênio em todos nós. Rio de Janeiro: Zahar, 2011.

SILVA, Maria de Lourdes Ramos. Personalidade e escolha profissional. E.P.U. 1992.

SOUZA, CESAR – A Neo Empresa – Editora Integrare Busines, 2012.

STEINER, Rudolf. O mistério dos temperamentos. Editora Antroposófica, 1966.

SUPER, Donald E. e JUNIOR Martin J. Bohn – Psicologia Ocupacional – Editora Atlas, 1976.

TOUGH, Paul. Uma questão de caráter – Editora Intrínseca, 2012.

WALLACE, B. Alan. Budismo como atitude. Editora Nova Era – 2001

WHITELAW, GINNY; WETZIG, BETSY – Rumo à Grandeza. Editora Campus, 2008.